そのひと言で 授業 子供 が変わる！

算数7つの決めゼリフ

樋口万太郎

東洋館出版社

はじめに

こんにちは。樋口万太郎です。
本書を手にとっていただき，ありがとうございます。
ただ，本書を手にとっていただいたということは，

・現在の算数授業を変えたい
・目の前の子供たちを変えたい

といったお悩みをおもちなのではないでしょうか。
本書では，7つの決めゼリフにより，
**現在の算数授業が変わり，目の前の子供たちが変わり，
笑顔あふれる，学びを深める算数授業**
になるということを提案しています。7つの決めゼリフの中から決めゼリフを選択して，使用するだけで変わるのです。
「え!? 本当!?」と思われた方は，是非読み進めてください。

本書を書こうと思った理由を書いておきます。
私は昨年度現場を離れ，一年間，教職大学院に通っていました。
大学院では，ストレートマスター（学部新卒院生）の人たちが行う模擬授業にコメントをするといった授業がありました。
算数の模擬授業では，「めあて」がすべてで掲げられ，授業終盤には「は・か・せ」と聞くという授業展開が行われました。あたかも，この流れでしないといけないという暗黙の了解があるかのように……。

少し話題を変えます。時間に余裕がありました。そこで，SNSにどっぷり浸かってみることにしました。「え？　なぜ？」と思われたかもしれませんが，理由は単純です。

　SNSでは，多くの算数科に関連する愚痴が渦巻いていたからです。

　例えば，

・さくらんぼ計算を書いていなかったら，減点された

・分数の括線を定規を使って引かなかったから，減点された

などの保護者の愚痴。そして，

・めあてカードを黒板に貼らなかっただけで，叱られた

・スタンダード通りに授業をすることを求められた

・横並びの指導をすることに対する疑問点

などの教師の愚痴です。そういった愚痴の中で，

・「は・か・せ」をどのような授業内容でも使わないといけない

という愚痴を見つけました。

　愚痴を言うということは，そのままではいけないという思いがあるからです。

　SNS上でこのような愚痴を表現するのはどうなのかと思われる方もいることでしょう。しかし，保護者の方にしても，教師にしても，SNS上でしか表現できない現状があるのでしょう。保護者の方は教師に，教師は他の教師にそれらを聞いてもらえないという現状があるのかもしれません。

　そもそも，なぜ，このような愚痴が生まれるのでしょうか。その原因が，

「手段の目的化」「当たり前を疑わない」

にあると考えています。保護者，教師のどちらの愚痴にしても算数科としての「本質」とはかけ離れたものです。

　さくらんぼ計算をすることが，スタンダード通りにすることが目的でしょうか。違います。繰り上がりのあるたし算ができることが，目の前の子供たちに力をつけることが目的のはずです。

「は・か・せ」にしてもそうです。○○スタンダードの中には，「は・か・せ」を言うことが明記されているものもあります。スタンダードに載っているから，いつも授業の最後に言っているからという理由で，「は・か・せ」を言うことを目的にしてしまってはいけません。「は・か・せ」を言うことが当たり前になってはいけません。そもそも何のために「は・か・せ」を言うのでしょうか。考えたことはありますか。

　自分が当たり前だと思っていることが，当たり前ではないケースは多々あります。若手の先生は，自分が学生のときに受けてきた教育を，中堅の先生はこれまでに行ってきた教育がいつの間にか自分の中で当たり前になっていることがあります。その当たり前を疑うことが今，求められています。

　本書で提案している7つの決めゼリフは，「は・か・せ」について再考していく中で生まれてきたものです。

　この7つの決めゼリフは，すぐに取り入れることができます。この7つの決めゼリフによって，皆さんの算数授業を，目の前の子供たちを変えるお手伝いをさせてください。

　本書で提案している7つの決めゼリフにより，現在の算数授業，目の前の子供たちが変わり，笑顔あふれる算数授業の一助となることを願っております。

樋口　万太郎

目次

はじめに 1

1章 理論編

自分の考えが一番「は・か・せ」だと思うんだけど…… 8
学びを深める7つの決めゼリフとは 10
いつも「は・か・せ」ではどうしてダメなのか 12
Instagramのアンケートからもわかること 14
決めゼリフを取り入れるときの3つのお願い 16
決めゼリフは7種類に分類することができる 18

2章 実践編

1年

1 たし算 22
2 加数を分解する繰り上がりのあるたし算 24
3 被加数を分解する繰り上がりのあるたし算 26
4 どちらを分解するかを考える繰り上がりのあるたし算 28
5 減加法を使った繰り下がりのあるひき算 30
6 減々法を使った繰り下がりのあるひき算 32
7 方法を選択する繰り下がりのあるひき算 34
8 時計の読み方 36

2年

9 2桁＋2桁のたし算 38
10 たし算の筆算 40

11	長さの測り方	42
12	100より大きい数	44
13	かけ算の導入	46
14	かけ算の活用	48
15	計算の工夫	50

3年

16	2桁×1桁のかけ算	52
17	わり算	54
18	あまりのあるわり算の計算の仕方	56
19	二等辺三角形の描き方	58
20	小数のたし算の筆算	60
21	小数のいろいろな表し方	62
22	分数の計算の仕方	64

4年

23	2桁÷1桁のわり算	66
24	180度より大きい角の求め方	68
25	正方形と長方形の面積の求め方	70
26	複合図形の面積の求め方	72
27	小数×整数	74
28	小数÷整数	76
29	計算の順序	78
30	直方体の展開図	80

5年

| 31 | 四角形の角の大きさの和 | 82 |
| 32 | 均す考え方 | 84 |

33 分数のひき算　86
34 平行四辺形の面積　88
35 三角形の面積　90
36 台形の面積　92
37 いろいろな形の体積　94
38 速さの比べ方　96
39 割合とグラフ　98
40 値引きの考え方　100

41 点対称な図形の描き方　102
42 拡大した三角形の作図　104
43 並べ方　106
44 組み合わせ方　108
45 面積の求め方　110
46 分数＋小数の計算の仕方　112
47 三角柱の体積　114
48 反比例　116
49 柱状グラフ　118
50 重さの単位　120

おわりに
－あえて書かなかったこと・気付いたこと－　122

参考・引用文献　128
著者紹介　129

1章 理論編

自分の考え方が一番「は・か・せ」だと思うんだけど……

「『は・か・せ』な考え方はどれでしょうか」

※ 「は・か・せ」とは、「はやく・かんたん・せいかくに」の頭文字をとった略語のことです。ここに「どんなときも」のどんが入った「は・か・せ・どん」を使用している場合もあります。

　授業終盤，このように子供たちに問いかける場面をよく見かけます。全国各地で○○スタンダードができ始めたここ数年，このような場面はさらに増えたように感じています。私が講師としてかかわっている学校の協議会や研究会で，

「どうして授業の最後に『は・か・せ』と言ったのですか？」

　と授業者に聞いてみることがあります。すると，

「授業の進め方（スタンダード）にそう書いているからです」

「『は・か・せ』と言うことが学校で統一されています」

　といった答えが返ってくることがあります。

「○○のために『は・か・せ』と聞いている」

　と，**何かの目的を達成するための手段として「は・か・せ」を用いている**と言われる方にあまり出会いません。はたして，これでいいのでしょうか。

　ある年の10月，4校の研究授業の助言に呼ばれました。4校とも，研究授業が4年生で，複合図形の面積の求め方を考える授業でした。この単元は，「THE 研究授業の単元！」と言っていいほど，研究授業でよく行われています。子供たちからは多様な考えが出てきやすく，それらの考えを共有するためには教師の指導技術が必要といった理由からよく選ばれるのでしょう。

　いずれの授業も，子供たちが出した考え方を共有し，最後に「『は・か・せ』な考え方ではどれでしょう？」と聞く授業でした。

　ただ，4校の内，1校で「う～ん」と言いながら腕を組んで困っている男

> 理論編 1章

の子，秋元君に出会いました。彼は最後まで何も選ぶことができずに，先生が「西野君の考えが『は・か・せ』だと思う人？」と挙手をさせていっても腕を組んで迷ったままでした。その様子がとても印象に残り，授業後に秋元君に「どうして迷っていたの？」と聞いてみました。すると，
「自分の考えが一番『は・か・せ』だと思うんだけど……」
という歯切れの悪い返答が返ってきました。

皆さんは，秋元君の気持ちがわかりますか。彼に限らず，子供たちの中には出てきた考え方を共有したとはいえ，一生懸命に考えてきた自分の考え方が「は・か・せ」だと思っている子は多くいます。しかし，教師の方から，「『は・か・せ』な考え方はどれかな」と言われ，出てきた考えの中から選択するように指示されます。時には，自分の考え以外を選択しなければならないような見えない圧力があるときもあります。

どれが「は・か・せ」な考え方なのかは，問題を数問解けば気付きます。最初は自分の考え方がよいと思っていても，問題が解けなかったら，自分の考え方ではダメだと気付きます。そうしたら，他の方法を使って，問題を解いてみようとするでしょう。そういった活動の中から「は・か・せ」な考え方がどれかに気付くことができます。

これまでの授業で，「は・か・せ」と多く聞かれた子は，**「は・か・せ」の視点が育っている**はずです。教師が何も言わなくても**最初から「は・か・せ」を意識しながら考えている**可能性もあります。

学びを深める
7つの決めゼリフとは

　前ページの複合図形の面積の求め方を考える授業で，先生が言った「は・か・せ」は学びを深めるための決めゼリフにはなっていません。ではこのとき，教師はどのような発問をすればいいのでしょうか。

　算数科は多様な考え方が出てくる場面が多い教科です。そういった場面，授業の終盤において，

・**本時，これまでの単元で働かせてきた数学的な見方・考え方**

・**既習をもとに考えることができる**

　ということに**子供自身が改めて気付く・実感する**ことができるような発問だと学びを深めることができると考えています。

　こういった発問が，本書でいう「学びを深める決めゼリフ」となります。本書では，学びを深める決めゼリフを7つ提案しています。

（1）「○○（大切な・わかった）ことは何？」

（2）「早く・簡単に考えることができそうなのはどれ？」

（3）「それぞれのよさは何かな？」

（4）「どんなときでも使えるのはどれ？」

（5）「もし○○でも大切にしたいことは何？」

（6）「同じ（共通している）・違うところは何？」

（7）「これまでの学習と似ている（違う）ところは何？」

　複合図形の面積の求め方を考える授業では，「は・か・せ」と聞くのではなく，

「3つの考え方で共通していることは何？」

理論編 1章

と聞いてみます。そうすることで，
「これまでに学習してきた正方形や長方形の面積公式を使えば，求めることができる」
ということに子供たちが気付くことができます。

　この決めゼリフにより，子供たちはこれまでの学習を振り返り，考え方を比較したり，関連づけたりします。つまり，学びを深めることができるのです。これに気付くことができると，数値や形が変わった複合図形だとしても，子供たちはその気付きをもとに立ち向かうことができるようになります（詳しくは72，73ページをご覧ください）。

　今，この決めゼリフを見たときに，「あれ？」と思われた方もいるかもしれません。（2）に「早く・簡単に考えることができそうなのはどれ？」という「は・か・せ」の「は・か」が，（4）に「どんなときでも使えるのはどれ？」という「どん」が決めゼリフとして入っています。

　誤解してほしくないのは，私は**「は・か・せ」を否定し，「は・か・せ」を使用しない方がよいと言っているわけではありません。**
「学習の内容によって，決めゼリフを使いわける」ことが大切だと提案をしています（いつも「は・か・せ」ではどうしてダメなのかは次のページをご覧ください）。

　ですから，決めゼリフを選択することを失敗すると，学びが深まらない可能性が出てくるのです。

いつも「は・か・せ」では どうしてダメなのか

　改めて言いますが，私は「は・か・せ」を**すべて否定しているというわけではありません**。何度も言うのは，教育界には「言う・言わない」「よい・ダメ」といった二項対立の構図をよく見かけるからです。本書の提案は，「言うときもあるし，言わないときもある」「よいときもあるし，ダメなときもある」という第三者的立場なのです。ではなぜ，いつも「は・か・せ」がダメなのかを，説明していきます。

　例えば，6年生の単元「場合の数」，単元2時間目の授業です。

> 4つの組でサッカーの試合をします。
> どの組とも1回ずつ試合をすると，全部で何試合になるでしょうか。

という問題があったします。子供たちから，

（樹形図）　　　　　　　　　　　　　　　　　　　　　　（表）
6通り

という2つの考え方が出てきました。ここで「は・か・せ」と聞くのは適切でしょうか。「は・か・せ」と聞くということは，樹形図，表のどちらかの考え方に優劣を決めるということです。しかし，どちらの考え方もこの単元で学習してきた考え方で，解決するためには大切な考え方です。どちらの考え方がよいなどと優劣を決めることができませんし，決めてはいけません。

理 論 編 **1**章

一方で，例えば４年生の単元「工夫して計算しよう」です。

> $25×12$を工夫して計算しよう。

という問題があったとします。

> ① $25×12＝5×5×3×4＝(5×5×3)×4＝75×4$
> ② $25×12＝5×5×3×4＝(5×3)×(5×4)＝15×20$
> ③ $25×12＝25×4×3＝(25×4)×3＝100×3$

の３つの考え方が出てきました。３つとも工夫して計算の方法を考えているようですが，①はもっと工夫ができますし，②は順番を入れ替えており，３つの考え方では一番時間がかかります。100のまとまりを見つけて計算するという③が一番早く・簡単にできる考え方です。「$12×25$」といった似たような問題では③の考えを使ってもらいたいものです。このときには，「は・か・せ」と問うことは有効です。

この２つの事例から，いつも「は・か・せ」と聞くことがダメなことに納得していただけたのではないでしょうか。

それでも，まだ「う～ん」と思われる方は教科書や指導書をご覧ください。指導書には，１時間の授業の展開例として発問が掲載されています。授業終盤の発問を何時間分か，何単元分か見てみてください。そこからも全時間の授業終盤に「は・か・せ」と聞いていないということがわかるでしょう。いつでもなんでも「は・か・せ」でよいと思って使うことは，**教師の「思考停止」につながっている**のです。

13

Instagramのアンケートからもわかること

　私はInstagramをしています。そこにストーリーズという機能があり，その中でアンケートを取ることができる機能があります。ちょうどこの原稿を書いているときに，アンケート機能があることを思い出しました。

　そこで，

「算数授業の最後に『は・か・せ・どん』と聞きますか？」

「正直な話，『は・か・せ』と聞かなくてもよいと思っていますか？」

「算数授業で『は・か・せ』と言うことが決まって（言われて）いますか？」

という３つの質問をしてみました。結果は以下の通りです。

「算数授業の最後に『は・か・せ・どん』と聞きますか？」

はい 22％	いいえ 78％

「正直な話，『は・か・せ』と聞かなくてもよいと思っていますか？」

はい 66％	いいえ 34％

「算数授業で『は・か・せ』と言うことが決まって（言われて）いますか？」

はい 10％	いいえ 90％

理論編 1章

　さて，このアンケート結果を皆さんどう思われますか。SNS上のアンケートであるため，正確なアンケートの結果とは言えないかもしれません。しかし，興味深い結果が出たと私は思っています。

　それは，「正直な話，『は・か・せ』と聞かなくてもよいと思っていますか？」で「いいえ」を選択した方，つまり「『は・か・せ』と聞いた方がよい」と思われる方が34％もいるということです。そして，よいという方が34％にも関わらず，「算数授業の最後に『は・か・せ・どん』と聞きますか？」で「はい」と答えた方が22％と**12％も減っている**のです。

　このアンケートを行ったとき，DM（ダイレクトメッセージ）を20人もの方が送ってきてくれました。そのDMの内容に共通していたことが，
・全校で「は・か・せ」が統一されています
・全校の教室で「は・か・せ」が（同じ場所に）掲示されています
　といったことでした。

　掲示したり，言うことを統一したりしていることは，学年，担任が変わってもこれまでと同じように算数授業を進めることができるというメリットを思ってのことかもしれませんが，果たしてそれでいいのでしょうか。また，
・「は・か・せ」と聞く時間がありません
　というのも多くありました。

　時間がないということに負けてしまう「は・か・せ」。本当に必要であれば，「は・か・せ」と聞く時間を何としてでも確保するはずです。つまり，**「は・か・せ」に有効性を感じていなく，学びを深めるための決めゼリフになっていない現状**であることがわかります。

15

決めゼリフを取り入れるときの
３つのお願い

　決めゼリフを授業に導入するときは，授業をすべて変える必要はありません。「子供たちが考える→全体で考えを交流した」のちに，本書で紹介している決めゼリフを言ってください。これまで「は・か・せ」を言っていたタイミングといえば，わかりやすいでしょうか。また本書で扱っている問題は，基本的には教科書の問題の数値をアレンジしたものです。樋口オリジナルの実践ではありません。

　本書で提案している７つの決めゼリフは，本時の目標や本時の数学的な見方・考え方，単元を通しての学習の流れをもとにその時間ごとに選択をしています。ですから，単元を通して決めゼリフが変化していくこともあります。

　例えば，５年生の単元「面積」。

　１時間目の「平行四辺形の面積」の学習では，

「平行四辺形の面積の求め方で共通していることは何かな？」

　２時間目の「三角形の面積」の学習では，

「他の図形でも使える考え方はどれかな？」

　３時間目の「台形の面積」の学習では，

「早く・簡単に考えることができそうなのはどれかな？」

　と変化しています（詳しくはP88～93をご覧ください）。

　決めゼリフ自体は毎時間変わっていますが，前の時間の学習があるからこの決めゼリフといったように連続しています。例えば，２時間目だけ「他の図形でも使える考え方はどれかな？」という決めゼリフを言うだけでは，その効果は半減してしまいます。学習内容によっては，毎時間決めゼリフを言う必要はありませんが，できる限り決めゼリフを連続させて使ってほしいという私からの１つ目のお願いがあります。

理論編 **1**章

次章では，1〜6年生の実践例50を紹介しています。

> 左ページには，問題，多様な考え方，
>   「さぁ，何て言いますか？」という質問
> 右ページは，決めゼリフ，期待する子供たちの姿，
>   なぜこの決めゼリフなのか

というページ構成になっています。その実践例を皆さんに読んでもらうときに，私からのお願いが2つあります。

1つ目は，**「このときはこの決めゼリフかな？」と考えながら読んでほしい**のです。左ページに「さぁ，何て言いますか？」という質問を入れています。考えた上で，右ページを読んでください。考えることは，授業力アップにもつながります。これを考えることなく，ただ真似をするだけでは，うまくいかないかもしれません。「思考停止」状態です。本書ではすべての学習は載っていません。載っていない学習のところでは，**決めゼリフを皆さんで考えてください。**

2つ目です。右のページには「期待する子供たちの姿」というのがあります。これはこの決めゼリフを言ったときの予想した姿です。しかし，1回の決めゼリフでこのような姿にならない可能性もあります。しかし，1回目がダメだからといって**諦めないでください。**次時以降も何度も行うことで，**子供たちの中に視点ができ，必ず学びを深めることができる**ようになります。長期的な目で見るようにしてください。

17

決めゼリフは7種類に分類することができる

　決めゼリフは，「シンプル型決めゼリフ」「序列型決めゼリフ」「価値多様型決めゼリフ」「発展型決めゼリフ」「共通・相違点型決めゼリフ」「構造型決めゼリフ」「最終型決めゼリフ」の7種類に分けることができます。

「シンプル型決めゼリフ」＆「最終型決めゼリフ」

　この決めゼリフでは，シンプルにその考え方の大切なポイントを聞きます。多様な考え方が出ない授業，教師が教える授業，単元の冒頭で使用します。

　子供たちの中で決めゼリフの視点が育ってくると，（1）で深く考えることができます。最終型決めゼリフにもなります。

（1）「○○（大切な・わかった）ことは何？」

「序列型決めゼリフ」

　この決めゼリフでは，早く・簡単という視点でその考え方のよさに気付かせ，そのよさを実感させることができます。

（2）「早く・簡単に考えることができそうなのはどれ？」

（4）「どんなときでも使えるのはどれ？」

「価値多様型決めゼリフ」

　この決めゼリフでは，それぞれの考え方のよさを認めることができます。

（3）「それぞれのよさは何かな？」

「発展型決めゼリフ」

　この決めゼリフでは，他の条件のときにも使える考え方を探すことで，考

え方の大切なポイントを引き出します。
　（4）「どんなときでも使えるのはどれ？」
　（5）「もし○○でも大切にしたいことは何？」

「共通・相違点型決めゼリフ」
　この決めゼリフは，考え方の共通点や相違点を見つけることで，大切なポイントを引き出します。
　（6）「同じ（共通している）・違うところは何？」
　（7）「これまでの学習と似ている（違う）ところは何？」

「構造型決めゼリフ」
　この決めゼリフは，分類された考え方の中からさらに共通点を見つけるといったように構造化されている場合に使用します。
　（1）「○○（大切な・わかった）ことは何？」
　（6）「同じ（共通している）・違うところは何？」
　（7）「これまでの学習と似ている（違う）ところは何？」

2章

実践編

① 1年：たしざん（1）

たし算

問題

きんぎょが 5ひき います。
3びき ふえると
ぜんぶで なんびきに なるでしょうか。

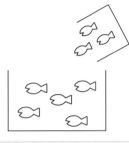

ブロック操作をして，式と関連付けながら，考え方を共有します。

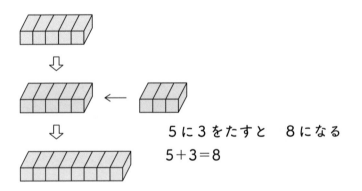

5に3をたすと　8になる
5＋3＝8

その後…

さぁ、何て言いますか？

実践編 2章

決めゼリフ！（7）「これまでの学習と似ている（違う）ところは何？」

この前のたし算と違うところはどこかな？

期待する子供たちの姿 〉

「この前は合わせてだったけど，今日は増えるという問題だったよ」「ブロックが今日は片方だけを動かした」といった子供たちの姿を引き出したいものです。言葉だけでは理解しづらいのが低学年です。板書やブロック操作などを通して，その違いについて共有していきましょう。

なぜこの決めゼリフなのか 〉

これまでのたし算は「合併」です。今回は「増加」についての学習です。合併や増加という言葉を覚える必要はありませんが，気付かせたいことは，**「たし算には様々な種類のたし算がある」**ということです。

計算指導は，計算ができるという技能でとどまるのではなく，**計算の意味がわかることが大切**です。そのためには，その問題のイメージをもったり，ブロックを操作したりして，計算の意味を考えていくことが大切です。

今日のこの流れはひき算の学習（求残を学習したのちの求差の学習）でも，わり算の学習（等分除を学習したのちの包含除の学習）でも同様の決めゼリフによる展開が有効です。

② 1年：たしざん（2）

加数を分解する繰り上がりのあるたし算

問題

あめを さいとうさんは 9こ，
よださんは 4こ もっています。
あわせて，なんこ もっていますか。

図と式を関連づけながら，考え方を共有します。

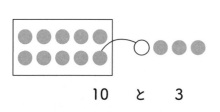

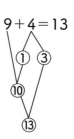

その後…

実践編 **2**章

決めゼリフ（5）「もし○○でも大切にしたいことは何？」

もし数字が変わっても大切にしたいことは何かな？

期待する子供たちの姿 〉

「10のまとまりを見つけたらいいんだよ」「10のまとまりを作るために，後ろの数を分けたらいいよ」といった子供たちの姿を引き出したいものです。

　この問題だけでなく，練習問題として数問解いたのちに，この決めゼリフを言うとより大切にしたいことに気付きやすいかもしれません。

なぜこの決めゼリフなのか 〉

　気付かせたいことは，**「繰り上がりのあるたし算は10のまとまりを作ることが大切」**だということです。1年生の繰り上がりのあるたし算，繰り下がりのあるひき算で一番大切なことは「10のまとまり」です。これまでにいくつといくつ，3口のたし算，10＋□といった学習を行っています。繰り上がりのあるたし算が苦手な子供は，10の合成分解の復習をしましょう。

　もしかしたら今回の決めゼリフで「10のまとまりを作る」ということにピンときていない子もいるかもしれませんが，この時間ですべてわからせようとするのではなく，これ以降の学習（次ページ）にて十分気付かせることもできます。焦らず学習を進めていきましょう。

25

③ 1年：たしざん（2）

被加数を分解する繰り上がりのあるたし算

問題

あめを しらいしさんは 3こ，
まつむらさんは 9こ もっています。
あわせて，なんこ もっていますか。

図と式を関連づけながら，考え方を共有します。

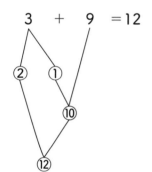

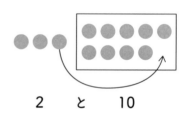

その後…

実践編 **2**章

決めゼリフ（7）「これまでの学習と似ている（違う）ところは何？」

この前の繰り上がりのたし算と同じところ・違うところは何かな？

期待する子供たちの姿 >

「10のまとまりを作るのは同じ」「10といくつで考えるのは同じ」「数を分けるところが違う」「前の方法よりもこっちの方がしやすい」といった子供たちの姿を引き出したいものです。

なぜこの決めゼリフなのか >

気付かせたいことは，**「どちらの数を分解するにしても，10のまとまりを作ることで解くことができる」**ということです。

前回の学習は加数を，本時の学習は被加数を分解します。どちらの数を分解するかは異なりますが，10のまとまりを作り，10といくつで考えるといった考え方は共通していることです。これらを引き出すために，復習として加数を分解するたし算を解いたのちに決めゼリフを言った方が，より気付きやすくなります。子供たちの実態に応じて，展開を変えてください。

今回の決めゼリフによって，どのようなたし算でも，同様のことが言えるのではないかと子供たちは考え始めることでしょう。

子供によっては被加数を分解する方が計算しやすいという子もいるかもしれません。そういった子の言葉が，次のページの学習につながります。

27

④ 1年：たしざん（2）

どちらを分解するかを考える繰り上がりのあるたし算

> **問題**
>
> 6＋7の けいさんの しかたを かんがえましょう。

　3つの考え方を共有します。

①後ろの数を分ける 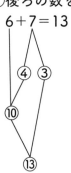　②前の数を分ける 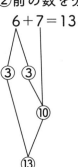　③両方を分ける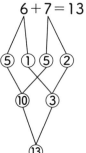

※3つ目の考え方は出てこなくても構いません。

その後…

実践編 **2**章

決めゼリフ（2）「早く・簡単に考えることができそうなのはどれ？」

3つの考え方であなたが早く・簡単に考えることができそうなのはどれかな？

期待する子供たちの姿 >

「早く・簡単に考えることができるのは，2つ目です。なぜなら～」といった子供たちの姿を引き出したいものです。「7と3で10になる」「6と4で10になる」「どちらを10にしようかな」などの子供たちの表現を大切にします。なぜその考え方を選択したのか，選択しなかったのかという理由も時間があれば交流します。

なぜこの決めゼリフなのか >

この問題は，子供たちによって被加数を分解するのか，加数を分解するのか，それとも両方を分解するのか分かれることでしょう。気付かせたいことは，「どの方法を選択しても，10のまとまりを作り，10といくつで考えるといった考え方を使っている」ということです。

SNSで，テストでさくらんぼ計算をしていないため，減点されているテストの写真がアップされ，物議を醸していました。さくらんぼ計算はあくまで手段です。さくらんぼ計算をすることが目的ではありません。10のまとまりを作り，10といくつで考えることができたならどんな方法でも構いません。手段の目的化にならないように教師が考えておかないといけません。

⑤ 1年：ひきざん（2）

減加法を使った繰り下がりのあるひき算

問題

あめを さいとうさんは 12こ もっています。
よださんに 9こ あげました。
のこりのあめは なんこでしょうか。

図と式を関連づけながら，考え方を共有します。

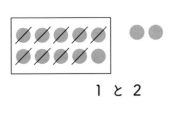

1 と 2

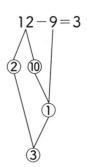

その後…

実践編 **2**章

決めゼリフ！（7）「これまでの学習と似ている（違う）ところは何？」

繰り上がりのあるたし算と似ているところ・違うところは何かな？

期待する子供たちの姿 ＞

　「繰り上がりのあるたし算と似ていることは10のまとまりを見つける」「数を分解している」「さくらんぼ計算に似ている」「違うところはひき算がある」「10＋□ではなく，10－□をしている」といった子供たちの姿を引き出したいものです。

なぜこの決めゼリフなのか ＞

　気付かせたいことは，**「10のまとまりを見つけるという共通点」**です。そのために繰り上がりのあるたし算の学習と比べさせます。

　繰り下がりのあるひき算には，減々法などの方法がありますが，どれも10－□をします。それに気付くことができると，どのような繰り下がりのあるひき算でも考えることができます。

　もしかしたら「ひき算なのにたし算がある！」といった声が子供たちの中から出てくるかもしれません。違和感がある子たちです。そういった声が出てきたときには，

「本当だね。ひき算なのにたし算があるね」と話題にしておきます。そうすることで，次時に学習する「減々法」では「ひき算」しか使用しないということに気付きやすくなります。

31

⑥ 1年：ひきざん（2）

減々法を使った繰り下がりのあるひき算

問題

あめを さいとうさんは 11こ もっています。
よださんに 2こ あげました。
のこりのあめは なんこ でしょうか。

しき11-2

図と式を関連づけながら，考え方を共有します。

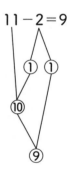

その後…

実 践 編 2章

決めゼリフ（7）「これまでの学習と似ている（違う）ところは何？」

この前のひき算と似ているところ・違うところは何かな？

期待する子供たちの姿 〉

「10のまとまりを見つけていることは似ている」「このひき算もさくらんぼ計算が使える」「このひき算も10−□をしている」「違うところは，全部ひき算をする」といった子供たちの姿を引き出したいものです。

この前のひき算が思い出せない子がいた場合には，ノートや教科書を見るように伝えましょう。

なぜこの決めゼリフなのか 〉

気付かせたいことは，たし算のときと同様に**「10のまとまりを作っている」**ということです。前回の減加法では繰り上がりのあるたし算と比較しましたが，今回は減加法のひき算と比較させます。そうすることで，繰り下がりのあるひき算では「10のまとまりを見つける」ことが大切だということを**再認識でき，また繰り下がりのあるひき算の考え方のつながり，連続性を意識する**ことができます。

「私，こっちのひき算の方がわかりやすい！」という子がいるかもしれません。全部ひき算のために，そう思う子もいるようです。どちらのひき算の方法がよいのかを考えるのが，次のページになります。

⑦ 1年：ひきざん（2）

方法を選択する繰り下がりのあるひき算

> **問題**
>
> 14−6の けいさんの しかたを かんがえましょう。

2つの考え方を共有します。

① ひいてたす方法　　　　② ひいてひく方法

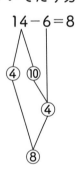
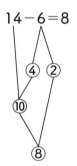

その後…

実践編 2章

決めゼリフ（2）「早く・簡単に考えることができそうなのはどれ？」

2つの考え方で，早く・簡単に考えることができそうなのはどっちかな？

期待する子供たちの姿 >

「僕は，①ひいてたす方法の方が早いです。なぜなら～」といった子供たちの姿を引き出したいものです。本時までに「ひいてたす方法」「ひいてひく方法」のように，子供たちがわかりやすいひき算の仕方の名称を決めておくと，選択した理由を交流するときにわかりやすいです。

なぜこの決めゼリフなのか >

気付かせたいことは，**「減加法（ひいてたす）が便利」**ということ。どちらの方法が子供たちにとってわかりやすいかは，意見が分かれるところです。しかし，一般的には減加法の方がわかりやすく，定着しやすいといわれています。2年生の学習も減加法で進めていきます。しかし，「減々法」にこだわる子がいます。無理に減加法に移行させると，ひき算アレルギーになる可能性があります。徐々に移行していき，最終的には，減加法を使うようにします。

繰り下がりのあるひき算にしても，繰り上がりのあるたし算にしても最終的にはスラスラ答えが言えるようになることが大切ですが，これまで紹介してきた実践のように計算の仕方について考えたり，話し合ったりすることも大切です。

⑧ 1年：とけい

時計の読み方

問題

①〜③の じこくを よみましょう。

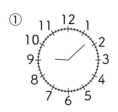 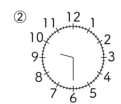 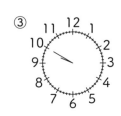

それぞれの問題を解きます。

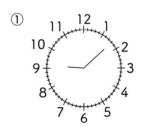 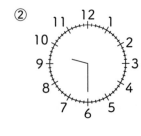 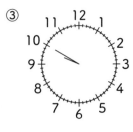

9 じ 8 ぷん　　　　　9 じ 30 ぷん　　　　　9 じ 50 ぷん

その後…

さぁ、何て言いますか？

実践編 **2**章

決めゼリフ（1）「○○（大切な・わかった）ことは何？」

時計を読むために大切なことは何かな？

期待する子供たちの姿 ＞

「短い針が9と10の間のときは9時○○分」「短い針が9と10の間を動いている」「短い針は1つの間しか動かない」「9時半のときは9と10の真ん中にある」「長い針は1周する」「長い針は1分ごとに1目盛り動いていく」といった子供たちの姿を引き出したいものです。このとき，子供たちなりの言葉で構いません。

　子供たちから出てきた考え方は，時計の模型を使い確かめていくことで共有しやすくなります。

なぜこの決めゼリフなのか ＞

　気付かせたいことは，**「自分自身が時計の読み方で気を付けたいことは何か」**ということです。これまでに時計の読み方を教師が教え，時計を読んできています。日常生活でアナログの時計ではなく，デジタル時計を見て育ってきた子も多いでしょう。そのため，時計の読み方は1年生が苦労する単元でもあります。教師の方で時計の読み方を一方的に伝えるよりも，自分の中で時計の読み方で気を付けたいことなどを認識することの方が時計を読めるようになります。

⑨ 2年：たし算

2桁＋2桁のたし算

問題

松村さんは 25円のアメと，
14円のガムを かいます。
だいきんは いくらになりますか。

しき　25＋14

2つの考え方を共有します。

①

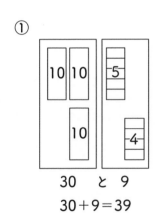

30　と　9
30＋9＝39

②

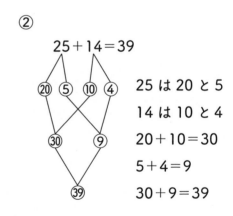

その後…

実践編 2章

決めゼリフ（6）「同じ（共通している）・違うところは何？」

２つの考え方で同じところは何かな？

期待する子供たちの姿 >

「それぞれの数を分解している」「どちらも十の位同士，一の位同士で計算
をしている」「30＋9という式が一緒」といった子供たちの姿を引き出した
いものです。考えを発表させるときには，式や図や必要に応じてブロックを
使ったりして，わかりやすく説明できるようにしておきます。

なぜこの決めゼリフなのか >

　気付かせたいことは，**「位ごとに計算をしている」**ということです。クラ
スには，先行学習などですでにたし算の筆算ができる子がいるかもしれませ
ん。アルゴリズムを覚えることも大切ですが，筆算の意味をしっかり理解さ
せておきたいものです。そこで，この決めゼリフによって「位ごとに計算を
している」ということに気付かせたのちに，筆算の書き方，筆算の仕方を教
えます。そうすることで本時で学んできたことと筆算を関連づけることがで
き，筆算の意味も仕方も理解しやすくなります。

　2.5＋1.4は0.1が25＋14個集まったと考えることができるように，ここで
の学習が小数同士のたし算やひき算の計算の仕方や筆算にもつながっていき
ます。

39

⑩ 2年：たし算

たし算の筆算

問題

まちがえているところがあれば，正しく直しましょう。

① 25＋30
```
  25
+ 30
―――
  55
```

② 36＋5
```
  36
+  5
―――
  86
```

③ 3＋27
```
   3
+ 27
―――
  20
```

それぞれの問題の間違えているところを，どのように正しく直したのかを共有します。

① 25＋30
```
  25
+ 30
―――
  55
```
「合っている」

② 36＋5
```
  36
+  5
―――
  86
```
「くらいがそろっていない」

```
   3 5
+    6
―――――
   4 1
```

③ 3＋27
```
   3
+ 27
―――
  20
```
「くり上がりをしていない」　3＋7＝10

```
   3
+ 27
―――
  30
```

その後…

さぁ、何て言いますか？

実践編 **2**章

決めゼリフ（1）「〇〇（大切な・わかった）ことは何？」

間違い探しをして，わかったことは何かな？

期待する子供たちの姿 >

「位がそろっていないとダメ」「十の位同士，一の位同士で計算をしていないとダメ」「繰り上がりを忘れてはダメ」といった子供たちの姿を引き出したいものです。

　わかったことを見つけやすくするために，交流しているときに間違えているところを吹き出しなどで書いておくことで，どの子もわかったことを見つけやすくなります。

なぜこの決めゼリフなのか >

　気付かせたいことは，**「たし算の筆算の仕方を再確認する」**ということです。繰り上がりのあるたし算の筆算の場合，よく「繰り上がり」を忘れてしまう子がいます。教師が「位をそろえて計算するんだよ」「繰り上がりを忘れないように」と何度も言うより，間違いを自分たちで正していく中で，決めゼリフで考え，気付いたことの方が，より自分の中で印象が残ります。問題に正答を入れておくことで，正しいものと間違いを比較することもできます。

　繰り下がりのあるひき算の筆算の学習においても同様の展開で行うことができます。

41

⑪ 2年：長さの単位

長さの測り方

問題

あといのどちらが長いかを調べるために，線の長さを数で表しましょう。

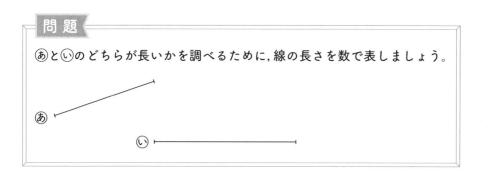

あといの線の長さを数で表す。

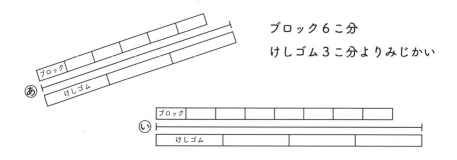

ブロック6こ分
けしゴム3こ分よりみじかい

その後…

さぁ、何て言いますか？

実践編 **2**章

決めゼリフ（6）「同じ（共通している）・違うところは何？」

ブロックと消しゴムの調べ方で同じところ・違うところは何かな？

期待する子供たちの姿 ＞

「何個分という測り方は同じ」「ブロック3個分と消しゴム3個分は同じ長さではない」「1個分の長さが違う」といった子供たちの姿を引き出したいものです。1年生でも比べ方の学習をしています。その考え方のつながりを言っている子がいれば，価値づけてあげましょう。

なぜこの決めゼリフなのか ＞

気付かせたいことは，**「普遍単位の大切さや便利さ」**です。1年生との学習の違いはこの「普遍単位」における測定方法です。子供たちは日常生活の中でも，普遍単位の大切さには気付いています。この決めゼリフにより1個分の長さが違う，1個分の長さが違うと不便ということに改めて気付かせることで，普遍単位の大切さや便利さが見えてきます。

気付いた後に「長さを誰もがわかるように表す」ためにものさしを使うということ，1目盛りが1cmということを教えます。教えることは教えないといけません。

ものさしと定規は違います。子供たちに定規と言わないように注意しましょう。言葉は大切にしたいものです。

43

⑫ 2年：1000までの数

100より大きい数

> **問題**
>
> ひまわりのたねがあります。
> ぜんぶで何こあるか数えましょう。
> （ひまわりの種が123個ある写真を一人ひとりに配る）

　どのように数えたかを共有します。子供たちが思いついたことはできる限り交流をします。

・10個ずつ線で囲んで数えた
・5個ずつ線で囲んで数えた
・ブロックを置いて数えた
・1つずつ数える

その後…

実 践 編 **2**章

決めゼリフ（4）「どんなときでも使えるのはどれ？」

数がもっと増えたとしても，使える方法はどれかな？

期待する子供たちの姿 >

「200個とかになったときには，1つずつ数えるのは面倒くさい」「ブロックで置き換えるのも，数が多いとできない可能性もあるよね」「10のまとまり」「10ずつ数えて，10個集まったら100のまとまり」といった子供たちの姿を引き出したいものです。選択しなかった理由も聞くことで，考え方についてより深めることができます。

なぜこの決めゼリフなのか >

　気付かせたいことは，**「100，10，1のまとまりが何個分か考えることで数えやすくなる」**という位取りにつながる考え方です。

　選択しなかった理由も聞きます。数が多いときに1つずつ数えるのは非効率であること，数え間違いをしてしまう可能性もあること，ブロックなどを置いて考えようにも，いつでもたくさんあるとは限らないということにも気付くことができます。

　また授業の最後には，「百二十三」と呼ぶこと，「123」と書くこと，百の位は1で100を表すことを教えます。自分で考えてきたことと新たな知識を結びつけます。

45

⑬ 2年：かけ算

かけ算の導入

問題

おまんじゅうは何こありますか。車に何人のっていますか。

①  ※おまんじゅう

②  ※おまんじゅう

③  ※車

それぞれの問題を解きます。

① 1はこ6こずつ 3はこ分で18こ
② 1はこ2こずつ 4はこ分で8こ
③ 1台3人ずつ 2台分で6人

その後…

さぁ、何て言いますか？

実 践 編 **2**章

決めゼリフ（６）「同じ（共通している）・違うところは何？」

３つの考え方で同じところは どこかな？

期待する子供たちの姿 ＞

　「１あたり量×いくつ分＝全体量」というかけ算の意味につながるキーワードである「どれも□ずつというのがある」「○○分というのがある」といった子供たちの姿を引き出したいものです。

なぜこの決めゼリフなのか ＞

　気付かせたいことは，**「同じ数のまとまりに目をつけて全部の数を求める」**という考え方です。また，答えを出すときには，たし算をすれば求めることができるということにも気付かせたいものです。

　２年生のかけ算の学習はいくつかの単元に分かれています。２つ目の単元は，１つ目の単元で学習したかけ算を使って，新たなかけ算について考えていきます（例えば，２の段と４の段を使い，６の段を考えていきます）。しかし，「九九は暗記するもの」という意識が子供たちにも，保護者にも，そして教師にもあります。もちろん九九がスラスラ言えるようになることは大切です。しかし，それだけで終わってしまってはダメです。しっかりとかけ算の意味についても考えていく必要があります。

47

⑭ 2年：かけ算

かけ算の活用

> **問題**
> はこの中のおまんじゅうは,ぜんぶで何こありますか。いろいろなもとめ方を考えましょう。
>
>

3つの求め方を共有します。

①

$3 \times 2 = 6$
$6 \times 3 = 18$
$6 + 18 = 24$

②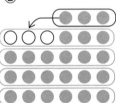

$6 \times 4 = 24$

③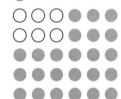

$6 \times 5 = 30$
$3 \times 2 = 6$
$30 - 6 = 24$

その後…

さぁ、何て言いますか？

実践編 **2**章

決めゼリフ（6）「同じ（共通している）・違うところは何？」

３つの考え方で同じところは何かな？

期待する子供たちの姿 >

「どの考え方もかけ算を使っている」「これまでのかけ算を使えばできる」
「動かしたり，加えたりしたら求めることができる」といった子供たちの姿
を引き出したいものです。

　そのために式と図を線で結んだり，丸を囲んだりして，関連づけておくこ
とで，より気付きやすくなります。

なぜこの決めゼリフなのか >

　気付かせたいことは，**「動かしたり，加えたりするといった工夫をすると，
かけ算を使って求めることができる」**ということです。

　前ページでも書きましたが，九九を暗記するものと意識している子たちが，
かけ算を活用することを経験する学習でもあります。そんな子たちが，この
問題ではこれまでに学習した九九を組み合わせて考えることができると気付
けることはとても大きなことです。

　もしかしたら子供の中には，●の数を１，２，３……と１個ずつ数えてい
く子がいるかもしれません。その場合は，１つの考え方を共有してから取り
組むと，２年生なりの自由な発想で様々な工夫をして考えることでしょう。
この学習は，４年生の複合図形の面積の求め方にもつながります。

49

⑮ 2年：計算のきまり

計算の工夫

問題

公園にハトが18わいます。
そこへ7わ入ってきました。
また3わ入ってきました。
ハトは何わになりますか。

2つの考え方を共有した後，（　）について教えます。

①じゅんにたす
　18＋7＝25
　25＋3＝28
　18＋7＋3＝28

②まとめてたす
　7＋3＝10
　18＋10＝28
　18＋(7＋3)＝28

その後…

実践編 **2**章

決めゼリフ（4）「どんなときでも使えるのはどれ？」

どのような3口のたし算でも使えるのは，どっちの考え方かな？

期待する子供たちの姿 ＞

「10といった切りのいい数のときは，まとめてたす方が早く求めることができる」「いつもまとめてたすという方がよいわけではない」といった子供たちの姿を引き出したいものです。

なぜこの決めゼリフなのか ＞

気付かせたいことは，**「10といった切りのいい数になるときは，まとめてたす方が便利」**だということです。それに加え，**「いつもまとめてたす方が便利とは限らず，順にたした方が便利なときもある」**ということです。

ここの学習では，まとめてたすときは（　）を使って式に表すこと，（　）の中を先に計算するということについて学びます。これらは教師が教えることです。しかし，それにとどまるだけでなく，上記のことに気付くことが大切です。式によっては順にたした方が計算が早いという場合もあります。それがどのような式なのかを式の例を示しながら話を進めていくとよりわかりやすくなります。

51

⑯ 3年：かけ算

2桁 × 1桁のかけ算

問題

1箱12こ入りのあめが
4箱あります。
あめは全部で何こになりますか。

式　12×4

3つの考え方を共有します。

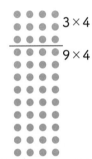 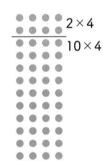 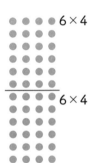

①12は9と3に分けられ
　るから
　9の段と3の段を使う
　9×4＝36
　3×4＝12
　36+12＝48

②12は10と2に分け
　られる
　10×4＝40
　2×4＝8
　40+8＝48

③12は6と6に分け
　られる
　6×4＝24
　24+24＝48

その後…

さぁ、何て言いますか？

実 践 編 **2**章

決めゼリフ（６）「同じ（共通している）・違うところは何？」

３つの考え方で同じところは何かな？

期待する子供たちの姿 >

「どれもこれまでに学習したかけ算を使っている」「数を分解している」と
いった子供たちの姿を引き出したいものです。

　もし考えづらそうな子がいたときには，「分け方で似ているところは何か
な？」と聞いてみるといいでしょう。

なぜこの決めゼリフなのか >

　気付かせたいことは，**「工夫をすれば，既習である九九を活用して考える
ことができる」** ということです。

　先行学習で筆算を学習している子たちはすぐに筆算をしようとするかもし
れません。そろばんを習っている子はすぐに暗算をしようとするかもしれま
せん。九九を２年生のときに暗記として覚えているだけの子は，左のページ
の考えになかなか行き着かないかもしれません。もちろん筆算ができること
や暗算できることは大切なことです。しかし，上記のことに気付かせること
も大切です。ここでの学習が，次のページで紹介している２桁÷１桁の学習
にもつながります。さらには，繰り上がりのある２桁×１桁，小数×整数の
計算の仕方などにもつながっていきます。

⑰ 3年：わり算

わり算

> **問題**
>
> 36÷3の答えはいくつでしょうか。

3つの考え方を共有します。

① 3の段で考える
$3 \times 9 = 27$
$3 \times 10 = 30$
$3 \times 11 = 33$
$3 \times 12 = 36$
だから
$36 \div 3 = 12$

② 36を30と6に分ける
$30 \div 3 = 10$
$6 \div 3 = 2$
$10 + 2 = 12$
だから
$36 \div 3 = 12$

③ 36を18と18に分ける
$18 \div 3 = 6$
$6 + 6 = 12$
だから
$36 \div 3 = 12$

その後…

さぁ、何て言いますか？

実践編 **2**章

決めゼリフ（7）「これまでの学習と似ている（違う）ところは何？」

2桁×1桁の学習と似ているところは何かな？

期待する子供たちの姿 〉

「数を分解するとこれまでに学習したわり算で答えを求めることができる」「数を分解しているところは似ている」といった子供たちの姿を引き出したいものです。

　もし時間に余裕があれば，「どんなときでもこの考え方は使えるのかな」と追加発問をして，考えることも有効です。

なぜこの決めゼリフなのか 〉

　気付かせたいことは，**「分ける数を工夫すれば，これまでのわり算を使用し，考えることができる」**ということです。

　2桁×1桁のときも，数を分解し，かけ算をもとに答えを導き出すという活動を行っています。①の考え方も数は分けてはいないものの，これまでのかけ算の考え方を使っています。気付かせることで，学びの連続性を子供たち自身が実感することができます。その上で筆算の仕方を教えることがとても有効です。

　この学習は，4年生の「2桁÷1桁」（P66・67）の学習につながります。気付かせたいことは同じです。

55

⑱ 3年：あまりのあるわり算

あまりのあるわり算の計算の仕方

問題

あめが20こあります，
1ふくろに6こずつ入れると，
何ふくろできますか。

式　20÷6

2つの考え方を共有します。

①図をかいた

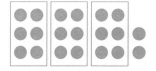

3ふくろできて
2こあまる

②かけ算で考えた
6×1＝6
6×2＝12
6×3＝18
20－18＝2
3ふくろできて
2こあまる

その後…

さぁ、何て言いますか？

実践編 **2**章

決めゼリフ（4）「どんなときでも使えるのはどれ？」

どんなときでも使える考え方はどれかな？

期待する子供たちの姿 >

「図を描くことよりもかけ算を使う方がよい」「かけ算を使うと答えを見つけることができる」「わり算のときもかけ算を使って考えたよ」といった子供たちの姿を引き出したいものです。

なぜこの決めゼリフなのか >

気付かせたいことは，**「これまでに学習しているかけ算・わり算で考えると答えを見つけることができる」**ということです。かけ算もわり算もこれまでに学習しています。図を描くことはイメージをもつために，説明をするためには有効ですが，問題の数値が大きくなると描くのが難しくなります。ただ，図を使っていてもこれまでに学習した「わり算」の考えを使って考えています。そこはしっかり価値づけてあげましょう。

こういったことに気付かせた後に，式で「20÷6＝3あまり2」になること，「二十わる六は三あまり二」と読むことを教えます。

そして時間があれば，違う問題を提示し，自分が考えたどんなときでも使える考え方で解いてみます。そうすることで，自分が考えた考え方をより価値づけることができます。

57

⑲ 3年：三角形と角

二等辺三角形の描き方

問題

辺の長さが4cm，6cm，6cmの二等辺三角形の描き方を考えましょう。

作図の仕方を考え，作図の仕方を教える。

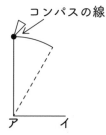

①4cmのアイの辺をかく

②アを中心にして半径6cmの円をかく

③イを中心にして半径6cmの円をかく

④②と③でかいた円の交わったところの点ウからア，ウからイに直線をひく。

その後…

さぁ、何て言いますか？

実 践 編 **2**章

決めゼリフ（5）「もし〇〇でも大切にしたいことは何？」

正三角形の作図でも大切にしたいことは何かな？

期待する子供たちの姿 ＞

「正三角形でも描き方は同じだと思うから，2つの頂点を中心にしてコンパスを使って描きたい」「長さが変わっただけで，描き方は一緒だよ」といった子供たちの姿を引き出したいものです。

なぜこの決めゼリフなのか ＞

気付かせたいことは，**「三角形の作図の仕方は一緒」**ということです。二等辺三角形の描き方，正三角形の描き方をそれぞれ覚えるわけではありません。しかし，別々のものと思っている子はいます。長さが二辺が等しいのか，三辺とも等しいのかという違いだけで，描き方は一緒です。上記のことに気付かせることで，次時の正三角形でも描けるという見通しをもたせておき，作図が苦手な子たちも取り組めるようにします。次時には正三角形に図形が変わったとしても二等辺三角形で学んだ描き方を三角形の作図の描き方として練習することになります。

また，この決めゼリフにより，三角形を作図する上でのポイントを子供たちから引き出すこともねらいです。教師の方が一方的に「〇〇がポイントですよ！」と言うよりも効果があります。

20　3年：小数

小数のたし算の筆算

> **問題**
>
> 赤色のコップには2.5dL，青色のコップには1.3dLのジュースが入っています。合わせて何dLあるでしょうか。

式　2.5＋1.3

3つの考え方を共有します。

①
2.5 は 0.1 が 25 こ
1.3 は 0.1 が 13 こ
0.1 が 38 こだから 3.8

②

③

事前に…
赤色のコップには25dL，青色のコップには13dLのジュースが入っています。合わせて何dLあるでしょう。
　　25＋13＝38

その後…

実践編 **2**章

> 決めゼリフ「（7）これまでの学習と似ている（違う）ところは何？」
>
> # 整数の筆算と似ているところは何かな？

期待する子供たちの姿 >

「整数の筆算と一緒だ」「0.1の□個分とみると整数の筆算になる」「位をそろえる」といった子供たちの姿を引き出したいものです。

この問題より前に仕掛けとして，赤色のコップに25dL，青色のコップに13dLという問題設定で，「25＋13」について考え，筆算までしておくと比べやすくなります。

この後，「繰り上がりのあるたし算も同じようにできると思う？」と問うことも有効です。

なぜこの決めゼリフなのか >

気付かせたいことは，**「0.1の□個分とみるとこれまでに学習した整数の筆算になる」**ということです。

小数のひき算の筆算でも，気付かせたいことは同じです。そのときに，今回の決めゼリフのように「整数の筆算と似ているところは何かな？」と聞くのもいいですが，そのときには，決めゼリフの「大切なことは何？」と聞くことをオススメします。そうすることで，教師が言わなくても以前の学習を思い出したり，関連づけたりすることでしょう。

61

㉑ 3年：小数

小数のいろいろな表し方

問題

2.8はどんな数になるのか言いましょう。

子供たちから出てきた考えをできる限り共有します。

2.8 は 2 と 0.8 を合わせた数
2.8 は 2 と 0.1 を 8 こ合わせた数
2.8 は 0.2 をたすと 3 になる数
2.8 は 0.1 を 28 こ集めた数

28にはどんな数になるのか
28は20と8をあわせた数

28は1を28こあつめた数

その後…

実践編 **2**章

決めゼリフ（1）「○○（大切な・わかった）ことは何？」

いろいろな考えが出てきた中から
わかったことは何かな？

期待する子供たちの姿 >

「2.8は2といくつとみたり，0,1の何個分と考えたりと，いろいろな表し方ができる」といった子供たちの姿を引き出したいものです。

なぜこの決めゼリフなのか >

気付かせたいことは，**「小数も整数と同じような表し方ができる」**ということです。

今回のような表し方は2年生でも学習していることです。2年生のときに280は200と80を合わせた数であることや10を28個集めた数であることを学習しました。1を280個集めた数，100を2，10を8といったように表し方はたくさんあります。

しかし，いろいろな表し方ができない子供は案外多いものです。おそらく，2年生の学習のときにそういう見方をして，表現してきた経験が少ないからです。ですから，子供の実態に応じて時間があれば追加発問として，「整数の場合もいろいろな表し方ができるかな」と言い，整数の場合のいろいろな表し方について考えます。そうすることで，今回の決めゼリフで，小数も整数も同じような表し方ができるということに，より気が付くことができます。

㉒ 3年：分数のたし算とひき算

分数の計算の仕方

> **問題**
> 青いびんには $\frac{3}{5}$ dL,
> 赤いびんには $\frac{1}{5}$ dLの水が入っています。
> 合わせると何dLでしょうか。

式　$\frac{3}{5} + \frac{1}{5}$

2つの考え方を共有します。

①図で考える

$\frac{1}{5}$ が（3+1）こある
だから $\frac{4}{5}$
$\frac{3}{5} + \frac{1}{5} = \frac{4}{5}$

②線分図で考える

$\frac{1}{5}$ が4こだから $\frac{4}{5}$
$\frac{3}{5} + \frac{1}{5} = \frac{4}{5}$

その後…

さぁ、何て言いますか？

実践編 **2**章

決めゼリフ（6）「同じ（共通している）・違うところは何？」

2つの考え方で同じところは何かな？

期待する子供たちの姿 ＞

「$\frac{1}{5}$が何個分と考える」「分子同士をたしたらいい」といった子供たちの姿を引き出したいものです。「式が同じ，たし算が同じ」ということを言う子もいるかもしれません。式が同じなのはあたり前かもしれませんが，それも価値づけてあげましょう。

なぜこの決めゼリフなのか ＞

気付かせたいことは，**「どちらも$\frac{1}{5}$が何個分という考えを使っている」**ことです。これは分数のひき算であっても，かけ算であっても，わり算であってもこの考え方が大切になってきます。しかし，子供たちは（　　）を1としてみたときの何個分という考え方が苦手です。

分数のたし算の仕方の形式しか覚えていない子が多くいます。だから「分数のひき算」の学習では，決めゼリフ（7）「これまでの学習と似ている（違う）ところは何？」を使い，「分数のたし算と似ていることは何かな？」と聞きます。そうすることで，「どちらも$\frac{1}{5}$が何個分」という考えをひき算でも使うと意識させることができ，計算の仕方の意味についても考えることができます。

㉓ 4年：わり算

2桁 ÷ 1桁のわり算

> **問題**
>
> あめを48こ持っています。
> 3人で同じ数ずつ分けます。
> 1人何こになりますか。

式　48÷3

3つの考え方を共有します。

①48 は 30 と 18 に　　②48 は 24 と 24 に
　分けられる　　　　　　分けられる
　30÷3＝10　　　　　　24÷3＝8
　18÷3＝6　　　　　　　8＋8＝16
　10＋6＝16

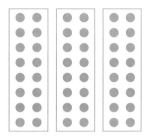

図で考えると
16

その後…

さぁ、何て言いますか？

実践編 **2**章

決めゼリフ（1）「○○（大切な・わかった）ことは何？」

３つの考え方で大切なことは何かな？

期待する子供たちの姿 ＞

「３年生で学習したわり算の仕方を使って考えた」「分け方を工夫した」「これまでに学んできたわり算を使えばできるよ」といった子供たちの姿を引き出したいものです。

なぜこの決めゼリフなのか ＞

気付かせたいことは，**「分ける数を工夫をすれば，これまでのわり算を使用し，考えることができる」**ということです。図は確かに便利です。しかし，数が大きくなると描くことはできないため，いつまでも頼るということは厳しいです。

ここまでに何度も計算の仕方について考えてきているため，今回はこの決めゼリフにしました。**目の前の子供たちの実態に応じて，**決めゼリフ（7）「これまでの学習と似ている（違う）ところは何？」をアレンジした**「2桁÷1桁と似ているところはどこかな」**でも構いません。

この後，筆算の仕方を教えます。筆算の仕方を教えた後に「どの考え方に似ているかな？」と聞くと，自分たちが考えた考え方と関連づけることができ学びを深めることができます。

67

㉔ 4年：角

180度より大きい角の求め方

問題

⑦の角度を求めましょう。

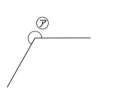

2つの求め方を共有します。

①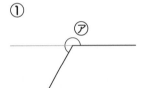

$180°+60°=240°$

②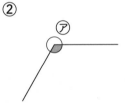

$360°-120°=240°$

その後…

さぁ、何て言いますか？

実践編 2章

決めゼリフ（2）「早く・簡単に考えることができそうなのはどれ？」

早く・簡単に考えることができそうなのはどっちかな？

期待する子供たちの姿 〉

「私は①の方が早く・簡単だと思います。なぜなら〜」「私は②の方が早く・簡単だと思います。なぜなら〜」といった子供たちの姿を引き出したいものです。どちらを選択したかだけでなく，選択した理由も聞いておきます。また時間に余裕があれば，どうしてもう1つの方を選択しなかったのかを聞いておきます。

なぜこの決めゼリフなのか 〉

　気付かせたいことは，**「工夫をすれば，これまでに学習した角度の測定を使って考えることができる」**ということです。どちらの考え方を選択しても構いません。大切なことは，どちらの考え方もできるようになることです。①の考えが難しいと選択した子は直線を引き180度＋αの角度を見いだすこと，②の考えが難しいと選択した子はアミ掛け部分の角度を見いだすことが難しいと感じています。そこでそれぞれの理由に加え，選択しなかった理由も交流することで，それぞれの考え方のポイントが見えてきます。苦手な考え方から，自分が気を付けておきたいことがわかります。

69

25　4年：面積

正方形と長方形の面積の求め方

問題

正方形と長方形の面積は何cm^{2}でしょうか。

 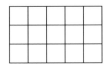

それぞれの面積を求め，求め方を共有します。

3×3＝9　　　　　　3×5＝15

その後…

実践編 2章

決めゼリフ（6）「同じ（共通している）・違うところは何？」

正方形と長方形の面積の求め方で，共通していることは何かな？

期待する子供たちの姿 >

「どちらも縦に何個分か，横に何個分かで考えている」「1cm²の正方形を敷き詰めている」といった子供たちの姿を引き出したいものです。また，「かけ算を使用している」ということを言う子もいるかもしれませんが，認めてあげましょう。

なぜこの決めゼリフなのか >

気付かせたいことは，**「1cm²の正方形が縦に何個分あるのか，横に何個分あるのか」**ということです。長方形の面積の公式は「縦×横」です。教科書の単元導入場面では，1cm²の正方形が縦に何個分あるのか，横に何個分あるのかということを考えます。そして，面積の公式という構成になっています。

ここで気付いたことが，5年生「体積」につながります。体積の求め方も1cm³の立方体が縦に，横に，高さに何個分あるのかという考え方です。公式だけを覚えていては，5年生「体積」の学習につながりません。しっかりこの決めゼリフを言うことによって，子供たちに気付かせることが大切です。

㉖ 4年：面積

複合図形の面積の求め方

問題　左の複合図形の面積の求め方を考えよう。

3つの面積の求め方を共有します。

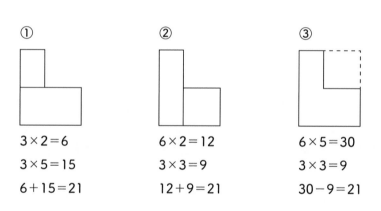

①
3×2＝6
3×5＝15
6＋15＝21

②
6×2＝12
3×3＝9
12＋9＝21

③
6×5＝30
3×3＝9
30－9＝21

その後…

さぁ、何て言いますか？

実 践 編 **2**章

決めゼリフ（６）「同じ（共通している）・違うところは何？」

３つの考え方で共通していることは何かな？

期待する子供たちの姿 >

「どれも式が３つだね」「四角形と四角形だね」「組み合わせたり，ひいたり
しているね」「どれも切ったり，付け加えたりしているね」「これまでの公式
が使えるね」といった子供たちの姿を引き出したいものです。

　そのために，色チョークでどの辺と辺を使うと，どこの面積を求めること
ができるのかということを色分けしたり，左ページのように式を書いたりす
ることで気付くことができます。

なぜこの決めゼリフなのか >

　最後に気付かせたいことは，**「既習である正方形や長方形の面積の求め方
を使えば，求めることができる」**ということです。これがわかれば，どのよ
うな複合図形でも解くことができるからです。上の期待する姿はどれも気付
かせたいことにつながる発言です。

　授業では，この後時間があれば，新たな複合図形を提示し，「この図形で
も，みんなが見つけた共通していることが使えるか試してみましょう」と言
い，取り組ませます。そうすることで，自分たちが見つけた共通点が正し
かったんだと実感することができます。

㉗ 4年：計算の仕方を考えよう

小数 × 整数

問題

1.2Lずつ入っているジュースのペットボトルが3本あります。ジュースは全部で何Lあるでしょうか。

式　1.2×3

3つの求め方を共有します。

①

|　1.2　　□（L）|

|　1　2　3（本）|

1.2L＝12dL
12×3＝36
36dL＝3.6L

②

1.2 は 0.1 が 12 こ
12×3＝36
0.1 が 36 こで 3.6
3.6L

③

1.2×3＝3.6
×10 ↓　　↑ ÷10
12×3＝36

その後…

さぁ、何て言いますか？

実 践 編 **2**章

決めゼリフ（6）「同じ（共通している）・違うところは何？」

3つの考え方で共通していることは何かな？

期待する子供たちの姿 ＞

「12×3の式が必ずある」「小数を整数に直している」「計算のきまりを使っている」といった子供たちの姿を引き出したいものです。

このときもしかしたら，「整数×整数」といったことを言う子がいるかもしれません。出てきた場合には，取り上げて全体で共有しましょう。

左ページのように並べて板書をしておき，板書を見ながら共通点を探させることでどの子も気付きやすくなります。

なぜこの決めゼリフなのか ＞

気付かせたいことは，**「整数に直している」「12×3というこれまでに学習した計算で求めることができる」**ということです。

計算のきまりや0.1が何個分という見方は子供たちが苦手としているところです。この見方は，次の単元の「小数÷整数」においても，「分数」においても計算の仕方を考えるときに大切になってきます。この時間で気付いたことが子供たちに中で理解しきれていないこともあるかもしれません。しかし，次の学習の「小数÷整数」で改めてこれらの気付きについて考える機会があります。そこで考えを深めるチャンスが再びあります。

75

28　4年：計算の仕方を考えよう

小数 ÷ 整数

> **問題**
>
> 5.4Lのジュースを3本のペットボトルに同じように分けると，1本分は何Lになるでしょうか。

式　5.4÷3

3つの求め方を共有します。

5.4L＝54dL	5.4は0.1が54こ	5.4÷3＝1.8
54÷3＝18	54÷3＝18	↓×10　↑÷10
18dL＝1.8L	0.1が18こで1.8	54÷3＝18

その後…

実践編 2章

決めゼリフ（6）「同じ（共通している）・違うところは何？」

共通しているところは何かな？

期待する子供たちの姿 >

「54÷3の式が必ずある」「小数を整数に直している」といった子供たちの
姿を引き出したいものです。

「小数×整数の学習と似ている」と言う子がいるかもしれません。そういっ
たときには，「どんなところが似ているかな？」と追加発問をしましょう。

なぜこの決めゼリフなのか >

　気付かせたいことは，小数×整数のときと同様に，**「どの計算の仕方も整
数に直している」「54÷3というこれまでに学習した計算で求めることがで
きる」** ということです。小数×整数における計算の仕方と同様です。上記の
決めゼリフにより，関連づけることができます。

　また，今回の決めゼリフはこれまでと異なり，「3つの考えで」とか「小
数×整数の学習と」といった具体部分をなくしました。目の前の子供たちの
実態に応じては，これらの部分を入れてもいいのですが，そろそろ自分たち
で何と何を比較して，同じところを探すのかに気付いてほしいと考えました。
計算の仕方を考えようという課題のとき，暗算や筆算を計算の仕方だと思っ
ている子がいます。そういった子たちも前回と今回の取り組みでその意識が
変わってくることでしょう。

77

29　4年：式と計算

計算の順序

問題

問題　計算の順序を考えながら、計算をしよう
① 　$8 \times 6 - 4 \div 2$
② 　$8 \times (6-4) \div 2$
③ 　$8 \times (6-4 \div 2)$

それぞれの計算の順序を交流します。

① 　$\underline{8 \times 6} - \underline{4 \div 2} = 48 - 4 \div 2$
　　　① 　　②　　　$= 48 - 2$
　　　　③　　　　　$= 46$

② 　$8 \times \underline{(6-4)} \div 2 = 8 \times 2 \div 2$
　　　　　①　　　　$= 16 \div 2$
　　　　　②　　　　$= 8$
　　　　　③

③ 　$8 \times (6 - \underline{4 \div 2}) = 8 \times (6-2)$
　　　　　　　①　　$= 8 \times 4$
　　　　　　　②　　$= 32$
　　　　　　　③

その後…

さぁ、何て言いますか？

実践編 **2**章

決めゼリフ（1）「○○（大切な・わかった）ことは何？」

それぞれの計算で大切なことは何かな？

期待する子供たちの姿 ＞

「式は基本的には左から順に計算する」「×，÷を先に計算しないといけない」「（　）のある式は（　）の中を先に計算する」といった子供たちの姿を引き出したいものです。

　左のページのようにどこから計算をするのかを番号で板書で明記しておくことで上記のことに気付きやすくなります。

なぜこの決めゼリフなのか ＞

　気付かせたいことは，**「計算の順序」**についてです。

　①は前から順に計算してしまい，48−4＝44，44÷2＝22と間違えてしまう子がいます。②は間違いではありませんが，2÷2を先にしてしまい，8×1＝8と順序が違っています。③は6−4を先にしてしまい，8×（2÷2），8×1＝8と間違えてしまう子がいます。

　そこで，この決めゼリフにより，自分たちで計算の順序について気付かせることで，教師が計算の順序について伝えるよりも計算の順序の大切さについて実感することができることでしょう。

30 4年：正方形と四角形

直方体の展開図

問題

直方体の展開図を見つけましょう。

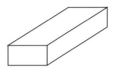

考えた直方体の展開図を共有します。

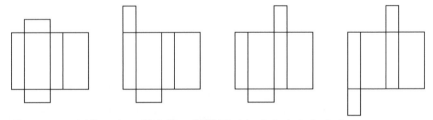

※この4つ以外にも，長方体の展開図はたくさんあります

その後…

さぁ、何て言いますか？

> 実践編 **2**章

決めゼリフ（1）「○○（大切な・わかった）ことは何？」

展開図になるときに，大切なことは何かな？

期待する子供たちの姿 >

「同じ形が続くのはダメ」「向かい合うようにならないといけない」といった子供たちの姿を引き出したいものです。このとき，できれば「垂直」「平行」といった言葉を使ってほしいです。ただ，子供たちなりの表現が出てきたときは認めつつも，「それは算数の言葉ではどう言うんだっけ？」と問い返し，算数の言葉に置き換えてあげましょう。

子供たちから出てきたことは，もし手元に展開図があるのであれば，確かめながらしてみることでどの子も理解を深めることができます。

なぜこの決めゼリフなのか >

気付かせたいことは，**「面や面，辺や辺などの垂直や平行の関係をもとに考える」** ということです。

2年生では構成要素に着目して，4年生では面や面，辺や辺などの垂直や平行の関係に着目して学習を進めていきます。立方体や直方体の展開図をすべて描けるようになることが目的ではありません。構成要素をもとに垂直や平行の関係をもとに考えることが目的です。上記のことに気付くことができれば，残りの展開図も考えることができます。教師が一方的に伝えるよりも，自分たちでこのようなことに気付けた方がより考える力が身に付きます。

81

㉛ 5年：図形の角

四角形の角の大きさの和

問題

四角形の角度の和を求めましょう。

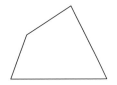

2つの求め方を共有します。

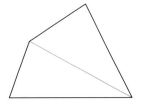

①対角線で2つに分ける
180°×2＝360°

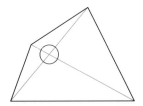

②対角線で4つに分ける
180°×4＝720°
720°−360°＝360°

その後…

さぁ、何て言いますか？

実践編 **2**章

決めゼリフ（2）「早く・簡単に考えることができそうなのはどれ？」

2つの考えで早く・簡単に考えることができそうなのはどっちかな？

期待する子供たちの姿 ＞

「私は①の方が早く・簡単だと思います。なぜなら〜」「私は②の方が早く・簡単だと思います。なぜなら〜」といった子供たちの姿を引き出したいものです。その理由や選択しなかった理由も聞いておきます。

なぜこの決めゼリフなのか ＞

気付かせたいことは，**「どちらの考えも三角形に分けると，学習した三角形の和の180度を使って求めることができる」**ということです。なので，決めゼリフ（6）の「同じ（共通している）・違うところは何？」でもいいかもしれません。しかし，今回は（2）の「早く・簡単に考えることができそうなのはどれ？」を採用しました。それは，選択した・選択しなかった理由を話題にすることで，2つの考え方の理解を深め，どちらの方法もできるようになると考えたからです。

多くの子が①の考えを選択することでしょう。②は中央の360度をひくことを面倒だと感じる子が少なくありません。「選択した考え方でどのような図形も角度も出すことはできそう？」と追加発問をすると，子供たちは他の図形の場合について考えることができます。

83

32 5年：平均とその求め方

均（なら）す考え方

問題

6人で飲みます。1人分は何mLになりますか。

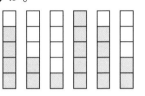

2つの考え方を共有します。

①多い方から少ない方へうつす　　②全部をまとめてから分ける

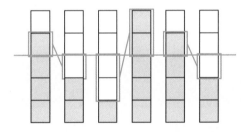
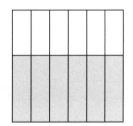

その後…

さぁ、何て言いますか？

実践編 **2**章

決めゼリフ（6）「同じ（共通している）・違うところは何？」

2つの考え方で共通することは何かな？

期待する子供たちの姿 ＞

「どちらも均そうとしている」「どちらも平らにしようとしている」といった子供たちの姿を引き出したいものです。「均す」「平ら」という言葉は，子供たちからは出てこないかもしれません。それでも，「均す」「平ら」といった意味合いで子供たちなりの表現は出てくることでしょう。そういった表現を置き換えたり，価値づけたりしましょう。

なぜこの決めゼリフなのか ＞

　気付かせたいことは，平均の意味でもある**「どちらの考え方も平（たい）らに均（なら）す」**ということです。また，「合計÷個数＝平均」といった考え方の子も多いでしょう。平均という考えは，日常生活でも使われているため，イメージをもてている子は多いです。

　その一方で，①の考え方は仮平均の考え方です。仮平均の考えとは，「これぐらいが平均になるのだろう」と考えることです。これから先の学習ではあまり使わないのではないかと思う子もいるかもしれません。しかし，仮平均の考え方は，小さな数を処理するだけで平均を求めることができます。問題によっては，仮平均を使う方が便利ということもあります。

　「は・か・せ」では②の考え方が選択されるでしょう。そうではなく，共通点を探すことで，どちらの考え方も理解を深めたいところです。

㉝ 5年：分数のたし算とひき算

分数のひき算

問題

生田さんは$2\frac{1}{2}$Lのジュースを持っています。
$1\frac{5}{6}$Lを飲みました。
残りは何Lでしょうか。

式　$2\frac{1}{2} - 1\frac{5}{6}$

3つの考え方を共有します。

①帯分数を仮分数に直す

$2\frac{1}{2} = \frac{5}{2}$　$1\frac{5}{6} = \frac{11}{6}$

$2\frac{1}{2} - 1\frac{5}{6} = \frac{5}{2} - \frac{11}{6}$

$= \frac{15}{6} - \frac{11}{6}$

$= \frac{4}{6}$

約分すると $\frac{4}{6} = \frac{2}{3}$

②

$2\frac{1}{2} - 1\frac{5}{6} = 2\frac{3}{6} - 1\frac{5}{6}$

$= 1\frac{9}{6} - 1\frac{5}{6}$

$= \frac{4}{6}$

約分すると $\frac{4}{6} = \frac{2}{3}$

③

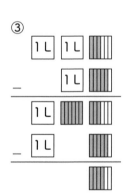

その後…

さぁ、何て言いますか？

実践編 2章

決めゼリフ（1）「○○（大切な・わかった）ことは何？」

帯分数のひき算をするときに
大切なことは何かな？

期待する子供たちの姿

「同じ分母にすれば計算することができる」「帯分数を仮分数にする」「通分が大切」「最後は約分をする必要がある」といった子供たちの姿を引き出したいものです。「分数のたし算も似ていた」ということを言う子がいた場合には，「どういうところが似ていた？」と追加発問をし，ひき算と関連づけていきましょう。

　もしこういった声が出てこない場合には，「同分母分数のひき算と今回のひき算はどういうところが違っているのかな？」と聞きましょう。

なぜこの決めゼリフなのか

　気付かせたいことは，**「計算できるように仮分数にしたり，通分をしたりする。最後には約分をする」**ということです。教師が一方的に計算の仕方を伝えるよりも，自分たちで振り返り，改めて気付く方が計算の仕方が身に付きます。「帯分数を仮分数に直すことは面倒くさい」と言う子もいるかもしれません。整数をすべて仮分数に直すという方法は，計算間違いが出てしまう可能性もあります。そういった声を取り上げることで，帯分数のひき算の仕方についてより深く考えることができます。

34　5年：図形の面積

平行四辺形の面積

> **問題**
> 平行四辺形の面積の求め方を考えましょう。
>
>

2つの求め方を共有します。

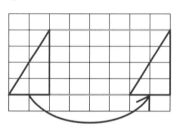

4×6＝24

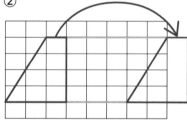

4×6＝24

その後…

さぁ、何て言いますか？

実践編 2章

決めゼリフ（6）「同じ（共通している）・違うところは何？」

平行四辺形の面積の求め方で共通していることは何かな？

期待する子供たちの姿

「長方形に形を変身している」「変身したら，これまでに学習した面積の公式が使える」といった子供たちの姿を引き出したいものです。変身しているなどの子供たちから出てきた表現を大切にします。

しかし，そういった気付きの前に「式が一緒になる」という子が多いかもしれません。そういった場合は，「どうして式が一緒になるんだろうね？」と追加発問をします。

なぜこの決めゼリフなのか

気付かせたいことは，**「形を変形させるとこれまでの正方形や長方形の面積の公式を使い求めることができる」**ということです。上記の決めゼリフは「平行四辺形の面積→三角形の面積→台形の面積」という一連の流れの中で共通するものです。

4年生の正方形，長方形の面積の学習の続きがこの単元です。共通していることを考えさせることで，上記のことに気付くことができます。また，時間があれば，「正方形や長方形の面積の求め方と共通していることは何かな？」と追加発問をすることでも，これまでの学習と関連づけることができます。

35　5年：図形の面積

三角形の面積

> **問題**
> 三角形の面積の求め方を考えましょう。
>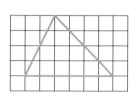

3つの求め方を共有します。

①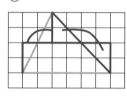
$4 \div 2 \times 6 = 12$
元の高さが半分

②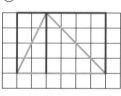
$4 \times 6 \div 2$
長方形

③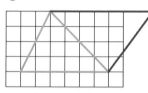
$4 \times 6 \div 2$
平行四辺形

その後…

さぁ、何て言いますか？

実 践 編 **2**章

決めゼリフ（４）「どんなときでも使えるのはどれ？」

他の図形でも使える考え方はどれかな？

期待する子供たちの姿

「平行四辺形や長方形の面積の公式が使えそう」「分解したり，付け加えたりしたら求めることができそう」「平行四辺形のときもそうだったから，他の図形でもできそう」といった子供たちの姿を引き出したいものです。

なぜこの決めゼリフなのか

気付かせたいことは，**「等積変形や倍積変形をすると，既習の面積の公式を使って求めることができる」「他の図形でもできそうだ」**ということです。

前時の平行四辺形の面積では，「正方形や長方形に戻すと，これまでの正方形や長方形の面積の公式を使い求めることができる」ということに気付いています。本時でも，「平行四辺形の面積の求め方のように考えることができそう」と見通しをもったりすることからこれらのことに気付くことができます。平行四辺形で考えてきたことを活用することが大切です。活用しなければ，ぶつ切りの単元構成になってしまいます。

この後は公式を提示し，自分たちの考え方とどう関連づくのかを考える時間を設定することで，三角形の面積の公式について理解を深めることができます。

91

36　5年：図形の面積

台形の面積

問題

台形の面積の求め方を考えましょう。

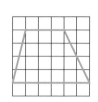

4つの求め方を共有します。

①
6×4÷2＝12
3×4÷2＝6
12＋6＝18

②
3×4÷2＝6
6×4÷2＝12
6＋12＝18

③ ④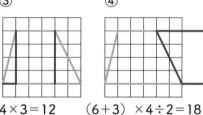
4×3＝12　　（6＋3）×4÷2＝18
1×4÷2＝2
2×4÷2＝4
12＋2＋4＝18

その後…

さぁ、何て言いますか？

実 践 編 **2**章

決めゼリフ（2）「早く・簡単に考えることができそうなのはどれ？」

早く・簡単に考えることができそうなのはどれかな？

期待する子供たちの姿 >

「私は①の方が早く・簡単だと思います。なぜなら〜」「私は②の方が早く・簡単だと思います。なぜなら〜」といった子供たちの姿を引き出したいものです。その理由や選択しなかった理由も聞いておきます。

　他にも「平行四辺形の面積の公式が使える」「三角形の面積の公式が使える」「分けるという考え方はこれまでの学習と似ている」といった子供たちの姿を引き出したいものです。

なぜこの決めゼリフなのか >

　気付かせたいことは**「これまでの学習を踏まえ，早く・簡単に考えることができる考え方はどれか」**ということです。これまでに平行四辺形，三角形の面積を求める学習をしており，それらの経験をもとに考えます。また，三角形の面積を求める学習の最後には，「他の図形でも使える考え方はどれかな？」と聞いており，この時間でできそうな考え方の予想をしています。考えるための見通しにもなっています。このような連続性があるため，上記の決めゼリフにしています。

　最後には，台形の面積の公式「(上底＋下底)×高さ÷2」を提示し，自分たちの考え方と関連づけていきます。

37　5年：体積

いろいろな形の体積

問題

立方体と直方体の体積を求めましょう。

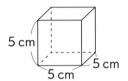 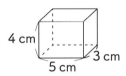

2つの考え方を共有します。

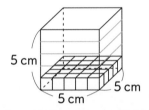 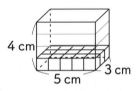

1だん目は1辺が1cmの立方体が
たてに5こ，横に5こならんでいるので
$5 \times 5 = 25$
それが上に5だんあるので
$25 \times 5 = 125$　　125cm³

1だん目は1辺が1cmの立方体が
たてに3こ，横に5こならんでいるので
$3 \times 5 = 15$
それが上に4だんあるので
$15 \times 4 = 60$　　60cm³

その後…

さぁ、何て言いますか？

実践編 2章

決めゼリフ（6）「同じ（共通している）・違うところは何？」

立方体と直方体の体積の求め方で共通していることは何かな？

期待する子供たちの姿

「1 cm³の立方体が縦に何個分，横に何個分，高さに何個分かと考えることが同じ」といった子供たちの姿を引き出したいものです。

追加発問として，「4年生の面積の学習と似ている（違う）ところは何かな？」と言い，4年生の正方形や長方形の面積の学習を思い出させることも有効です。

なぜこの決めゼリフなのか

気付かせたいことは，**「立方体や直方体の体積の公式の意味」**です。公式を覚えるだけでなく，しっかりと意味も理解できるようにしておきたいものです。

意味を理解していると，他の立体の体積の求め方も考えることができます。

また，時間があれば，右のような立体を提示し，「4年生のときに，これと似た学習しなかった？」と聞くことで，「4年生のときの複合図形の考え方が使えるかも」「4年生の面積の学習とつながっているのかな」といった声を引き出します。平面や立体の複合図形の面積・体積を苦手としている子は多いでしょう。そういったつながりが見えることで，苦手意識をなくすことができます。

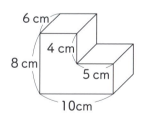

38 5年：速さ

速さの比べ方

問題

だれが一番速いでしょうか。

	きょり(m)	時間(秒)
与田さん	40	8
大園さん	40	9
久保さん	50	9

与田さんと大園さんは時間をもとに与田さんの方が速いということや大園さんと久保さんは距離をもとに久保さんの方が速いということを明らかにし，与田さんと久保さんではどちらの方が速いかと考えています。3つの考え方を共有します。

① きょりを最小公倍数でそろえる　　② 1秒間あたり何m進むか　　③ 1mあたり何秒かかるか

与田さん　40m　　8秒
　　　　　↓　　　↓　　　$8 \times 5 = 40$　　$40 \div 8 = 5$　　$8 \div 40 = 0.2$
　　　　　200m　40秒

久保さん　50m　　9秒
　　　　　↓　　　↓　　　$9 \times 4 = 36$　　$50 \div 9 = 5.5\cdots$　　$9 \div 50 = 0.18$
　　　　　200m　36秒

その後…

さぁ、何て言いますか？

実践編 2章

決めゼリフ（7）「これまでの学習と似ている（違う）ところは何？」

これまでの学習と似ている・違うところは何かな？

期待する子供たちの姿

「そろえる」「１秒間あたり，１ｍあたりで考える」「そろえる学習は，最近した」「単位量あたりの学習に似ている」といった子供たちの姿を引き出したいものです。

「単位量あたりの学習に似ている」と子供たちから出ればいいですが，出てこない場合は，「何の単元と似ていましたか？」と追加発問しましょう。

なぜこの決めゼリフなのか

気付かせたいことは，**「１あたりで考える・そろえるという単位量あたりの学習で学習してきたことを使えば，問題を解決することができる」**ということです。単位量あたりの大きさでは異種の２つの量の割合について，部屋の混み具合や人口密度について学んできています。

「距離÷時間＝速さ」という公式をすでに知っている子もいるでしょう。その公式を使えることも大切ですが，同じぐらいその式の意味がわかることも大切です。「は・じ・き」という図を知っている子もいるでしょう。しかし，「は・じ・き」の図を忘れてしまうと問題を解くことができません。これらに気付くことがいかに大切かがわかります。

97

39　5年：割合

割合とグラフ

問題

白石さん，松村さん，秋元さんでバスケットボールのシュート対決を行いました。だれが一番シュートが上手でしょうか。

	白石さん	松村さん	秋元さん
入った数	5	5	6
シュートした数	8	10	10

　白石さんと松村さんとでは白石さんの方が上手ということを共有したのち，白石さんと秋元さんのどちらが上手かということを考えています。その考えを共有します。共有した後は，割合とは何かを説明します。

①通分をする

$\frac{5}{8} = \frac{25}{40}$　$\frac{6}{10} = \frac{24}{40}$

②分数を小数に直す

$\frac{5}{8} = 5 \div 8 = 0.625$

$\frac{6}{10} = 6 \div 10 = 0.6$

③図で表す

その後…

さぁ、何て言いますか？

実践編 **2**章

決めゼリフ（1）「○○（大切な・わかった）ことは何？」

３つの考え方で大切な考え方は何かな？

期待する子供たちの姿 ＞

「１が何かを考える」「比較するためにそろえる」「何倍かを考える」といった子供たちの姿を引き出したいものです。

そのためには，「$\frac{5}{8}$，$\frac{6}{10}$は何を表しているの？」「0.625，0.6は何を表しているの？」ということを問い返し，子供が考えておくことが大切です。

なぜこの決めゼリフなのか ＞

気付かせたいことは，**「何を１とみるか」**ということです。**割合とは，比べる量がもとにする量の何倍かを表した数**のことです。

単位量あたりの大きさの学習をしているため，子供たちは分数や小数などに「そろえる」ということをするでしょう。そういったそろえた状態で授業を終えるのではなく，上記のように問い返した上で，気付かせます。

「速さ」で「は・じ・き」があったように，「割合」でも「く・も・わ」という図があります。この図を教えるだけでは形式だけの学習になってしまいます。この図を忘れてしまったり，そもそもどれが比べられる量なのか，もとにする量なのかがわからなかったりすると何もできません。しっかりと割合とは何か，何を１とみるかがわかっていないといけません。

40 5年：割合

値引きの考え方

> **問題**
>
> 1500円のTシャツが20％引きで売られていました。
> 何円で売られていますか。

2つの考え方を共有します。

① 割引分の全額を求める
1500×0.2＝300
1500－300＝1200

② 売値の割合を求める
1－0.2＝0.8
1500×0.8＝1200

その後…

実 践 編 2章

決めゼリフ（1）「○○（大切な・わかった）ことは何？」

2つの考え方からわかったことは何かな？

期待する子供たちの姿 >

「20％のまま計算すると割引分の金額が出てくるので，売値ではない」
「20％引きということは80％ということ」「1500×0.8が売値になる」と
いった子供たちの姿を引き出したいものです。

なぜこの決めゼリフなのか >

　気付かせたいことは，**「20％のまま計算すると割引分の金額になる」「そ
のまま計算するのではダメ」** ということです。文章題の関係をしっかり把握
できていない子は出てきた順通りに立式してしまいます。

「20％引きということはどういうことなのか」「1−0.2」「1は何を表して
いるのか」などの大切なポイントがこの学習にはたくさんあります。そして，
これらは理解しづらいところでもあります。だから，①②の考え方を共有し
た後に，これらの考え方を改めて振り返るための決めゼリフです。

「この考え方が重要ですよ〜」と教師が言うよりも，しっかりと自分で振り
返りができ，上記のように気付けた方がそれぞれの考え方の理解を深めるこ
とができます。

101

㊶ 6年：対称

点対称な図形の描き方

問題

点Oを中心として，点対称な図形をかきましょう。

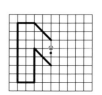

点対称な図形を実際に作図してみる。

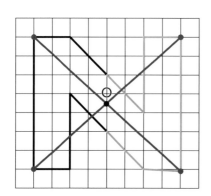

その後…

さぁ、何て言いますか？

実践編 **2**章

決めゼリフ（7）「これまでの学習と似ている（違う）ところは何？」

線対称な図形の作図と違うところは何かな？

期待する子供たちの姿 〉

「点対称な図形は鏡のように描かない」「線対称な図形の作図の場合は対称の軸が大切だったけど，点対称な図形の作図は対称の中心が大切」といった子供たちの姿を引き出したいものです。線対称な図形の作図や点対称な図形の作図を数問した後の方がより違うところを気付きやすいです。

　線対称や点対称な図形を指導するときには，実際に折ったり回転させたりして操作をすることや方眼紙などで作図をさせたりして理解させることが大切です。

なぜこの決めゼリフなのか 〉

　気付かせたいことは，**「点対称な図形を作図するための自分なりのポイント」**です。点対称な図形の作図が難しいと感じる子供は多いでしょう。線対称な図形は，折ったときにぴったり重なるように，鏡のように描けばいいため，イメージももちやすいですが，点対称は半回転させた図形を描くためにイメージをもちづらいのです。点対称な図形の作図の練習をするときに，自分なりの作図のポイントをもっている方が描けるようになります。また，この決めゼリフによって，改めて線対称な図形の作図についても考えることができるという効果もあります。

42　6年：拡大図と縮図

拡大した三角形の作図

問題

2倍の拡大図をかきましょう。

3つの描き方を共有します。

① 3つの辺の長さを
　それぞれ2倍にした長さを使ってかく

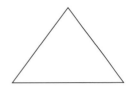

② 2つの辺の長さをそれぞれ2倍にした長さと
　そのはさまれた角の大きさを使ってかく

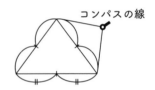

③ 1つの辺の長さを2倍にした長さと
　その両はしの2つの角の大きさを使ってかく

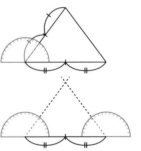

その後…

実 践 編 **2**章

決めゼリフ（7）「これまでの学習と似ている（違う）ところは何？」

これまでの図形の作図と似ている・違うところは何かな？

期待する子供たちの姿 >

「三角形の作図とほとんど同じ」「辺の長さは２倍にしないといけないところが違う」「角度はそのままの大きさにしないといけない」といった子供たちの姿を引き出したいものです。

なぜこの決めゼリフなのか >

気付かせたいことは，**「既習である三角形の作図の仕方と基本的には一緒」**ということです。図形が苦手な子には２倍の拡大図の描き方を全く別の作図の仕方と捉えてしまう子がいます。学びが連続的ではなく，それぞれの学びが単発で終わってしまっている状態です。

これまでの作図と違うところは，辺の長さを２倍にしているということです。

対応する辺の長さは変わりますが，対応する角の大きさは変わりません。時々，２倍の拡大図を描くときに，角度も２倍になると勘違いしている子がいます。そうではないということにも改めて気付くことができます。

43　6年：並べ方と組み合わせ方

並べ方

問題

リレー順を考えています。
井上さん，桜井さん，松村さん，若月さん の4人の並び方は何通りでしょうか。

井上さん→い，桜井さん→さ，松村さん→ま，若月さん→わ
と略して考え，2つの考え方を共有します。

①表

1	2	3	4
い	さ	ま	わ
い	さ	わ	ま
い	ま	さ	わ
い	ま	わ	さ
い	わ	さ	ま
い	わ	ま	さ

6×4＝24

②図

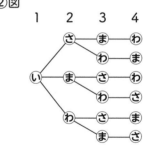

6×4＝24

その後…

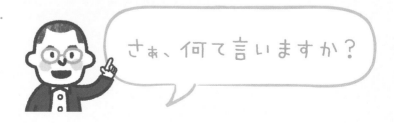

さぁ、何て言いますか？

実践編 **2**章

決めゼリフ（1）「○○（大切な・わかった）ことは何?」

2つの考え方で大切なことは何かな?

期待する子供たちの姿 >

「表や図を使うと見やすい」「表や図を使うと落ちがないように調べることができる」「表や図を使うと重なりがないように調べることができる」といった子供たちの姿を引き出したいものです。

なぜこの決めゼリフなのか >

気付かせたいことは，**「図や表を使って，並び方を表すと落ちや重なりがなく調べることができる」**ということです。この学習は，単元の導入場面です。すぐに図や表を教えようとするのではなく，「落ちや重なりがないよう」ということに気付かせることの方が大切です。

実は「落ちや重なりがないように調べる」ということは，これまでの学習でも出てきていることです。また普段の日常生活の中でも自然と子供たちはしていることです。

式で求める子もいるかもしれません。そういった場合は，「式禁止！」と言うのではなく，「なるほど式でもできそうなんだね。じゃあ，その式の○という数はどういう意味なのかな？みんなに説明できる？」などと問い返すと，どの子も図や表を使おうとします。

107

44　6年：並べ方と組み合わせ方

組み合わせ方

問題

4つの組でサッカーの試合をします。
どの組とも1回ずつ試合をすると，全部で何試合になるでしょうか。

3つの考え方を共有します。

①樹形図

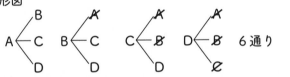

6通り

③表

	A	B	C	D
A		○	○	○
B			○	○
C				○
D				

その後…

実践編 **2**章

決めゼリフ（３）「それぞれのよさは何かな？」

３つの考え方，それぞれのよさは何かな？

期待する子供たちの姿 ＞

「樹形図はすべてを書き出してから，同じ組み合わせを消していくことができる」「図は，同じ組み合わせが出なくてわかりやすい」「図は組み合わせを図形の辺と対角線で表すからわかりやすい」「表は，左下の部分が同じ組み合わせということがわかる」といった子供たちの姿を引き出したいものです。

なぜこの決めゼリフなのか ＞

　気付かせたいことは，**「それぞれの考え方のよさ」**です。最終的にはすべての考え方ができるようになることです。ただ，最初からできる子は少ないでしょう。だから，それぞれのよさを知ることで，どの考え方も使えるようになるためのきっかけづくりをします。

　また上記のような発言が子供たちから出てきたのち，そこから，「共通していることは何？」と追加発問をすることで，「同じ組み合わせに気を付ける」ということを改めて引き出すことができます。

　そして時間があれば，（２）「早く・簡単に考えることができそうなのはどれ？」と聞いてもよいかもしれません。そうすることで，自分の中での早く・簡単に考えるための方法を見つけることができます。

45　6年：面積

面積の求め方

問題

面積を求めましょう。

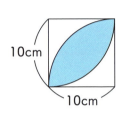

2つの考え方を共有します。

①

(10×10×3.14÷4)−(10×10÷2)=28.5

 ×2 =

28.5×2=57

②

(10×10×3.14÷4)+(10×10×3.14÷4)−10×10
=57

その後…

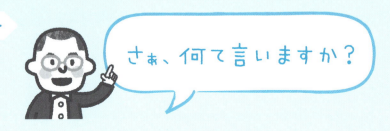

さぁ、何て言いますか？

実践編 2章

決めゼリフ（1）「○○（大切な・わかった）ことは何？」

ここまで考えてきてわかったことは何かな？

期待する子供たちの姿 ＞

「組み合わせたら葉っぱのような形でも解ける」「円の面積，三角形の面積，正方形の面積を使えば解ける」といった子供たちの姿を引き出したいものです。「面積を求めることができないと思った」「形が難しかった」ということを思っている子もいるでしょう。この式はこの部分を表しているといったように式と形を関連づけながら，考え方を共有していくことが大切です。

なぜこの決めゼリフなのか ＞

気付かせたいことは，**「組み合わせ方を考えれば，これまでに学習してきた面積の求め方を使用して，解くことができる」**ということです。

4年生の複合図形，5年生の複合立体図形といった複雑な形の面積を求める場合，解決のための見通しをもつことができないため，諦めてしまう子がいます。ですから，このことに気付くことができれば，どのような形が来ても立ち向かうことができます。

先行学習の子は「一辺×一辺×0.57」という式で求める子がいるかもしれません。しかし，この式を忘れてしまうと解くことができません。組み合わせを考えることで，これまでに学習してきたことをもとに解くことができる方が価値があります。

111

㊻ 6年：計算の仕方を工夫しよう

分数＋小数の計算の仕方

問題

$\frac{1}{5}+0.5$の計算の仕方を考えましょう。

2つの考え方を共有します。

①分数にそろえる

$0.5 = \frac{5}{10}$

$\frac{1}{5} + \frac{5}{10} = \frac{2}{10} + \frac{5}{10}$
$\phantom{\frac{1}{5} + \frac{5}{10}} = \frac{7}{10}$

②小数にそろえる

$\frac{1}{5} = 0.2$

$0.2 + 0.5 = 0.7$

その後…

さぁ、何て言いますか？

実践編 2章

決めゼリフ（4）どんなときでも使えるのはどれ？

分数にそろえる考え方，小数にそろえる考え方，どんなときでも使えるのはどっちかな？

期待する子供たちの姿 ＞

「いつでも使えるのは分数にそろえる考え方」「場面によって，どちらにそろえるかは考えたい」といった子供たちの姿を引き出したいものです。

さらには「小数にならない分数もある」といったようにそれを選んだ理由を交流することで，よりその計算の仕方について理解を深めることができます。

なぜこの決めゼリフなのか ＞

気付かせたいことは，**「場面によって，分数と小数のどちらにそろえるかを判断することが大切」**ということです。

この問題では，どちらの方法を選択しても構いません。おそらく小数にそろえる方がやりやすいと考えている子が多いでしょう。日本は小数を目にすることが多いので，見やすさや計算のしやすさからそう思うのでしょう，

しかし，わりきれない分数のときには，小数にそろえることができません。こういったことに気付くと分数にそろえるか，小数にそろえるかはその問題の数値によって判断することができるようになります。

47　6年：体積

三角柱の体積

問題

三角柱の体積の求め方を考えましょう。

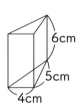

2つの考え方を共有します。

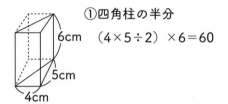

①四角柱の半分
　（4×5÷2）×6＝60

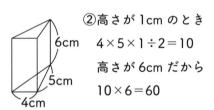

②高さが1cmのとき
　4×5×1÷2＝10
　高さが6cmだから
　10×6＝60

その後…

さぁ、何て言いますか？

実践編 **2**章

決めゼリフ（4）「どんなときでも使えるのはどれ？」

どんな立体の体積を求めるときでも，使えそうな考え方はどっち？

期待する子供たちの姿 ⟩

「②の考え方の方がいいよ。なぜなら～」「三角柱は四角柱にできるかもしれないけど，他の角柱だとできない場合もあるよ」といった子供たちの姿を引き出したいものです。

「どんな立体」と聞いているため，子供たちは五角柱や六角柱などといった立体の具体例を言うかもしれません。そのときは，フリーハンドでもいいので黒板にその立体を描いてあげましょう。そうすることで，より考えを理解しやすくなります。

なぜこの決めゼリフなのか ⟩

気付かせたいことは，**「底面積×高さの考えはどの立体でも使うことができる」** ということです。

このことに気付ければ，三角柱以外の立体でも考えることができます。教師が「底面積×高さで考えなさい」と言うよりも，自分たちで気付くことができた方が理解を深めることができます。

「どんな立体」いうことがイメージしづらいときには，「○○柱のときにはどうだろうか？」と発問することが有効です。

115

48　6年：比例と反比例

反比例

> **問題**
> 面積が12cm²の長方形の，横の長さ$x$cmと縦の長さ$y$cmの関係を調べましょう。

表で関係について共有します。

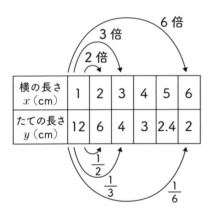 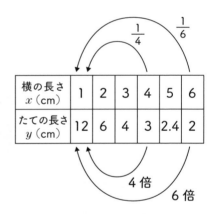

その後…

さぁ、何て言いますか？

実践編 **2**章

決めゼリフ（7）「これまでの学習と似ている（違う）ところは何？」

比例の学習と違うところは何かな？

期待する子供たちの姿 ＞

「これまでは上を2倍にしたら，下も2倍になっていた」「反比例は上が2倍になったら，下は$\frac{1}{2}$倍になる」といった子供たちの姿を引き出したいものです。

　なかなか違うところを見つけることができない場合は，比例の表を具体例で提示することで，比例と違うところを見つけやすくなります（目の前の子供たちの実態に応じては，最初から提示していてもよいです）。

なぜこの決めゼリフなのか ＞

　気付かせたいことは，**「比例と反比例は違う」**ということです。これまで比例については学んできています。比例の見方だけでなく，反比例の見方もあるということを知ってほしいのです。

　一方の値が2倍，3倍……になるともう一方の値も2倍，3倍……になる，一方の値が2倍，3倍……になるともう一方の値が$\frac{1}{2}$，$\frac{1}{3}$……になるような関係の違いだけでなく，比例の場合は常に一定の数がかけられている，反比例はxとyの値をかけると常に一定の値になるという違いもあります。

　ここで気付いたことが，中学校への架け橋となります。比例と反比例は中学校でも出てくる単元です。

117

6年：データの活用

柱状グラフ

問題

右の表はソフトボール投げの1組と2組の記録です。表を柱状グラフに直して記録の散らばりを調べましょう。

ソフトボール投げの記録（1組）

きょり（m）以上～未満	人数（人）
5～10	1
10～15	8
15～20	3
20～25	4
25～30	2
合計	18

ソフトボール投げの記録（2組）

きょり（m）以上～未満	人数（人）
5～10	3
10～15	7
15～20	1
20～25	5
25～30	1
合計	17

1組と2組の記録を柱状グラフに直し，散らばりについて話し合いをします。

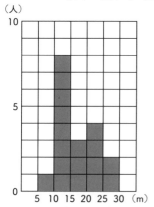

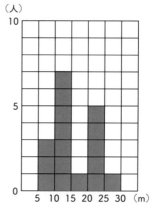

その後…

さぁ、何て言いますか？

実践編 **2**章

決めゼリフ（7）「これまでの学習と似ている（違う）ところは何？」
棒グラフと柱状グラフの似ているところ・違うところは何かな？

期待する子供たちの姿 >

「似ているところは，棒で表している」「縦軸の表し方は同じ」「違うところは，隙間が空いていない。ぴったりくっついている」「横軸の1目盛りが○から○となっているのが違う」といった子供たちの姿を引き出したいものです。例として棒グラフを用意しておくと，どの子も考えやすくなります。

　子供たちから出てきた考えは，その都度柱状グラフで確認をしていくことで，よりその考えを理解することができます。

なぜこの決めゼリフなのか >

　気付かせたいことは，**「棒グラフと柱状グラフの違い」**です。これまでに折れ線グラフや棒グラフなど，グラフ同士の比較はしてきています。柱状グラフと棒グラフを，今回も比較をさせることで，「棒グラフでは棒と棒の間を空けて描きますが，柱状グラフではぴったりくっつけて描く」「横の軸は階級ごとに分ける」というように，違いを実感させます。

　違いを見つけることは，柱状グラフを描くときの注意点にもつながっています。

50　6年：量の単位

重さの単位

問題

重さの単位とその関係について、下の図にまとめましょう。

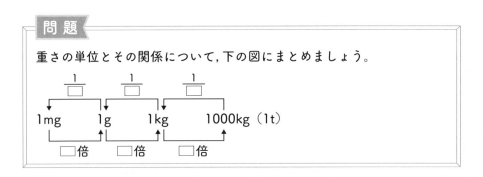

重さの単位とその関係についてまとめます。

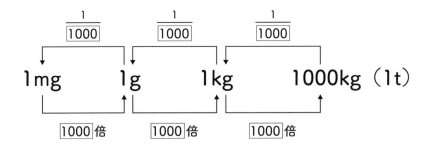

その後…

実践編 2章

決めゼリフ（7）「これまでの学習と似ている（違う）ところは何？」

長さの単位と似ているところ・違うところは何かな？

期待する子供たちの姿

「mからcになるときはどちらも10倍」、「kが付くときはどちらも1000倍になる」「関係が一緒」といった子供たちの姿を引き出したいものです。そのために，右のように長さの単位とその関係を板書することでより気付きやすくなります。

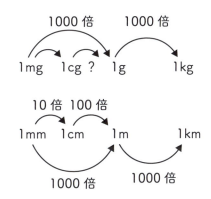

なぜこの決めゼリフなのか

気付かせたいことは，**「関係性が同じ」**ということです。

この単元は，教科書に出てくる問題の空欄部分や表の穴埋めで終わってしまいがちです。しかし，共通点が見えてくると，他の単位とその関係はどうなるのかということを調べたくなるものです。例えば1cmがあるということは1cgがあるのか，という疑問をもつ子もいるでしょう。また，長さ以外にもこのような関係があるのではないかと疑問をもつ子もいるでしょう。家で調べたり，授業で調べたりと子供たちは探究し始めるかもしれません。

おわりに
―あえて書かなかったこと・気付いたこと―

　50の実践を読まれて，いかがだったでしょうか。一緒にどのような決め
ゼリフにしたらいいのかを考えていただけたでしょうか。読み進めていくな
かで気付いたことがあるのではないでしょうか。

　そこでこの章では，

・**1章であえて書かなかったこと**

・**読み進めていくなかで気付いたこと**

について解説をしていきます。

【気付き1】
決めゼリフをアレンジしている

　決めゼリフをそれぞれの学習内容によって，そのまま言うのではなく，ア
レンジをしています。例えば，p118・119の6年「柱状グラフ」では，
(7)「これまでの学習と似ている（違う）ところは何？」の決めゼリフを，

　　「棒グラフと柱状グラフの似ているところ・違うところは何かな？」

と「これまでの学習→棒グラフと柱状グラフ」にアレンジをしています。そ
れぞれの学習に合わせてアレンジをすることで，何と何を比較すればいいの
かがわかりやすくなり，子供たちも気付きやすくなります。また，多くの決
めゼリフでは，【気付き4】で説明している子供の視点が養われていること
は抜きに考えています。なので，目の前の子供たちの実態に応じては，決め
ゼリフを変更しても構いません。P82・83ページではどちらの決めゼリフ
にしようか迷っていることや，あえてこの決めゼリフにしたということも書
いています。

おわりに

> 【気付き2】
> どのような授業展開でも決めゼリフが使える

　P36・37やP40・41のように多様な考え方が出てくる授業展開以外にも，問題を数問解いたり，作図をしたり，教科書の問題の穴埋めをしたりする授業などでも決めゼリフを使うことで，大切なことに気付かせることができます。

> 【気付き3】
> 考え方を交流した後からが勝負！

　【気付き2】で書いたように多様な考え方が出てくる授業以外でも決めゼリフは使うことができます。決めゼリフは，多様な考え方を共有したり，教師が考え方を教えたり，問題を数問解いたりした後に使います。

　多様な考え方は，できれば子供たちから引き出し，共有をしていきたいですが，本書で紹介している考え方がすべてでない場合もあることでしょう。**本書で紹介している考え方はできる限り出させたいもの**です。教科書にも載っている考え方であり，特別な考え方ではありません。1つしか考え方が出てこないと，比較することはできません。

　だから，考え方が出てこない場合には，教師の方で教えるということもアリです。もちろん，教科書を見ながら考えさせたりすること，教科書の穴埋めをしたりすることで考え方を取り上げることもアリです。

　そのような授業展開になったとしても，**決めゼリフを言った後からが勝負**なので，気にする必要はあまりありません。考え方があまり出ずに進めていく方が問題なのです。

> **【気付き4】**
> 決めゼリフを言った後に，さらに追加発問を言っている実践がある

　授業で決めゼリフを何度も言っていくと，**子供たちの中に視点が育っていきます**。そうなると教師が言わなくても，多様な考え方の「同じところ」や「違うところ」「早く・簡単な考え方はどれか」「いつでも使える考え方はどれか」「これまでの学習との関連性」などを自然と考えることができるようになります。

　そうなると最終型決めゼリフの「○○（大切な・わかった）ことは何？」だけで，子供たちは深く考えることができるようになります。学習内容によっては「決めゼリフを言った後に，さらに追加発問をする」ということを行うことで，より深く考えることができるようになります。1回の決めゼリフでは，その学習の深さまでたどり着かないというときも，学習内容によってはあります。追加発問をしても構いません。もちろん子供たちの中に視点が養われていくと，追加発問なしでもより深めることができます。

> **【気付き5】**
> 決めゼリフの頻度に偏りがある

　7つの決めゼリフを本書では提案していますが，紹介している回数に偏りがあります。本書で紹介している中では，（6）「同じ（共通している）・違うところは何？」が一番多いです。多様な考え方が出てくるときは「比較・検討」をしていくことが多いため，この決めゼリフを使用することが多くなってしまいます。

> **【気付き6】**
> 決めゼリフを考えるときに大切にしていたこと

おわりに

　決めゼリフを考えたとき，皆さんはどのようなことを考えていましたか。**この時間で何を教えるのか，何を考えさせるのか**ということがわかっていないとなかなか思いつくことができないかもしれません。なにより，この時間でどのような**数学的な見方・考え方を働かせるのか**ということを教師自身が考えておかないといけません。教師が考えていないのに，子供たちに何に気付けばよいかということは考えさせることができません。

　この決めゼリフを考えることは教材研究にもつながります。これまでに研究会や学習会などで，「皆さんならどう言いますか？」と聞いたことがありましたが，とても盛り上がりました。是非，校内研修会などで，「どんな決めゼリフを使うのか」ということ，それを選択した理由についても話し合ってみてください。短い時間で教材についてみんなで話し合うことができます。

> 【気付き7】
> 教師が教えるという場面がある

　気付かせた後に教師の方で教えるという場面が多くあるということです。例えば，筆算の仕方の意味を考えることは大切ですが，仕方は教えないといけません。仕方を考えさせても，活躍できるのは先行学習の子たちです。アクティブ・ラーニングという言葉が出てきて以来，教える授業はダメ，子供たちに考えさせる授業でないといけないといった誤解が出てきたように感じています。しかし，教えることは教えないとダメです。

> 【気付き8】
> よく出てきたある文言がある

　ある文言がよく出てきていたことにお気付きでしょうか。それは，**「教師が『○○』と言うよりも，自分たちで気付くことができた方が，理解を深めることができます」**

125

という文言です。自分たちで気付くことが何より大切なことです。この思いを大切にすることは授業づくりの上で不可欠です。

こういった場面に出会ったことはないでしょうか。教師がクイズを出し，みんなで考えているときに，子供がなかなか正解しないため，「ヒントを言おうか？」と言うと，「言ってほしい」と「言わないでほしい」と2つに分かれます。このとき後者は自分の力で「気付こう」としています。「気付く」という楽しさを知っているからかもしれません。気付いたら，思わず笑顔になったり，周りに「ヒントを言おうか？」と言ったりする子もいます。

このとき教師がヒントを出すより，ここで気付いている子たちがヒントを言う方がまだわからない子たちが受け入れやすいという不思議な雰囲気があったりします。最初から答えを知っている教師，気付いた子供たち。そういった違いがあるのかもしれません。

気付くということは，教師から教えられたことと違って，アクティブな感情や言動につながります。

【気付き9】
気付かせたいことが似ている

皆さん，気付かれたでしょうか。例えば，「3年：2桁×1桁（p52・53）」「3年：わり算（p54・55）」「4年：2桁÷1桁（p66・67）」では，気付かせたいことが似ています。これらの単元で気付かせたいことは，「分ける数を工夫をすれば，これまでの○○算を使用し，考えることができる」ということです。これらの単元は，「数と計算」で領域が一緒のため，気付かせたいことが似ています。3年生で学んだことが4年生で活用されているといった学年を超えた**縦の学びの連続性**です。5，6年生で「数と計算」領域の実践を載せなかったのは，やはりこの縦の学びの連続性があるため，読者である皆さんのお力でつくりあげてほしいからです。

また，「1年：たし算（p24〜29）」のようにその学年の中で学んだこと

おわりに

が活用されるといった**横の学びの連続性**もあります。

　平成29年版小学校学習指導要領では、「数学的な見方・考え方」という言葉がより注目を浴びています。この「数学的な見方・考え方」を各学年、各領域で見てみると、どのような学びの連続性があるのかということに気付きやすいです。算数授業づくりには、この数学的な見方・考え方は不可欠なものです。毎回、「本時ではどのような数学的な見方・考え方を働かせるのか」を私はチェックするようにしています。新学習指導要領の各学年・各領域の資質・能力、そして見方・考え方を見てみてください。

　少し前に「3年A組」というドラマが放映されていました。その中で、菅田将暉紛する先生が、生徒に、「Let's think」という場面が何度もありました。是非、皆さんも授業にどの決めゼリフを取り入れたらいいか「Let's think」してみてください。

　最後になりましたが、企画の持ち込みのときから温かく見守っていただき、出版に至るまでお力添えいただきました東洋館出版社の北山俊臣氏、畑中潤氏には大変お世話になりました。この場を借りて心よりお礼申し上げたいと思います。

　決めゼリフを取り入れて、笑顔あふれる算数授業を共に行っていきましょう！

樋口 万太郎

参考・引用文献

文部科学省（2017），『小学校学習指導要領（平成29年告示）解説算数編』，日本文教出版．
文部科学省（2017），『小学校学習指導要領（平成29年告示）』，東洋館出版社．
学校図書（2014），『文部科学省検定済 教科書小学校算数科』，学校図書株式会社．
学校図書（2014），『小学校算数学習指導書』，学校図書株式会社．
樋口万太郎（2016），「できる！楽しい！アクティブ・ラーニング型算数授業」．東洋館出版社．
古藤怜（1990），『算数科 多様な考えの生かし方まとめ方』，東洋館出版社．
教育研究所（2017）．№691，算数授業『は・か・せ』，https://www.kyoiku-shuppan.co.jp/kenkyu/case1/691.html

樋口万太郎（ひぐち まんたろう）

1983年大阪府生まれ。大阪府公立小学校,大阪教育大学附属池田小学校を経て,2016年より京都教育大学附属桃山小学校教諭。「笑顔」「子どもに力がつくならなんでもいい！」「自分が嫌だった授業を再生産するな」をモットーに日々の算数授業を行っている。

朝日新聞「花マル先生」掲載, 学びの場.com「教育つれづれ日誌」執筆者, 全国算数授業研究会幹事, 関西算数授業研究会副会長, 授業力＆学級づくり研究会副代表, Math Labo!代表, 学校図書教科書『小学校算数』編集委員。

主な単著や編著として,『できる！ 楽しい！ アクティブ・ラーニング型算数授業』『算数授業で学級づくり』(東洋館出版社),『クラス全員をアクティブな思考にする算数授業のつくり方 ―14のステップで教材開発&授業展開のしかけづくり―』『THE 算数・数学科授業開きネタ集』(明治図書出版),『「あそび＋学び」で、楽しく深く学べる 算数アクティビティ200』(フォーラムＡ出版),『これでどの子も文章題に立ち向かえる！ 算数授業づくり』(学陽書房)などがある。

そのひと言で授業・子供が変わる！
算数　７つの決めゼリフ

2019(令和元)年8月1日　初版第1刷発行

著　者：樋口万太郎
発行者：錦織圭之介
発行所：株式会社 東洋館出版社
　　　〒113-0021　東京都文京区本駒込5-16-7
　　　営業部　TEL 03-3823-9206／FAX 03-3823-9208
　　　編集部　TEL 03-3823-9207／FAX 03-3823-9209
　　　　　　振替 00180-7-96823
　　　　　　URL http://www.toyokan.co.jp

装幀・本文デザイン：mika
組版：株式会社明昌堂
印刷・製本：藤原印刷株式会社
ISBN978-4-491-03753-0 ／ Printed in Japan